천정곤의 지구를 살리는
자원순환 이야기

천정곤의 지구를 살리는
자원순환 이야기

천정곤 지음

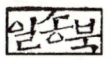

머리말

내가 우리나라에서 맨 처음으로 재활용센터를 설립하고 운영한 것은 1994년 6월부터이다. 그로부터 20년 이상의 세월이 흘렀다. 나는 재활용 사업을 통해 돈도 많이 벌었고, 재활용센터를 전국으로 보급시킨 공로를 인정받아 환경부장관, 조달청장 표창도 받았다. 또 국가 산업 발전에 기여한 공로로 정부에서 인정하는 〈신지식인〉에 선정되기도 했으며 국무총리 포장도 받았다. 2004년에는 〈쓰레기 더미에서 황금알을 캐는 사나이〉라는 책도 펴냈으며, 이 책은 2014년 중국에서 번역 출판되기도 했다.

그 책에서 나는 내가 재활용 사업을 어떻게 시작하였는지, 그리고 어떻게 발전시켜 왔는지에 관해 비교적 상세히 기술했다. 또 어려운 상황에 처한 분들에게 조금이라도 도움이 될 수 있으면 좋을 것 같다는 생각에, 비록 힘들었지만 나름 열심히 살았던 나 자신의 이야기, 가족 이야기, 고향 이야기 등도 서술했다.

지금도 재활용 사업은 비교적 괜찮은 돈벌이 가운데 하나지만, 과거 초창기 때에 비해서는 상황이 많이 달라진 것도 사실이다. 아직도 재활용 사업을 통해 돈을 버는 사람이 있는가 하면, 이제 재활용 사업은 한물갔다고 생각하는 사람도 있다. 그러나 환경을 보호하고 지구를 살리면서도 돈을 벌 수 있는 재활용 사업은 계속되어야 한다고 나는 생각한다. 특히 일자리 창출에 골몰하고 있는 정책 담당자들에게 나는 재활용 사업이 하나의 대안이 될 수 있다고 제안하고 싶다.

그래서 나는 이번 책에서 그 동안의 재활용 사업을 새로운 관점에서 한번 정리해 보고, 앞으로 재활용 사업이 어떤 방향으로 전개되어야 할지에 관해 내 나름대로의 생각을 제시해 보기로 했다.

사실 내가 몸담았던 재활용 사업은 주로 재사용(reuse) 사업에 관한 것이었다. 남들이 쓰레기라고 생각해서 버리는 멀쩡한 물건을 가져다가 조금 손질해서 파는, 말하자면 중고품 재활용 사업이었던 셈이다. 이러한 의미의 재활용 사업은 중고품이 계속 쏟아져 나오는 상황에서 여전히 중요하고, 우리나라 자원순환의 한 축을 담당하고 있다. 다만 그 사업 방식은 좀 더 업그레이드되어야 하고 품목의 세분화와 전문화도 필요하다. 또한 하루가 다르게 발전하고 있는 온라인과 모바일 기술, 첨단 IT 기술 등을 접목할 필요도 있다. 아울러 재사용 사업 영역에만 머물지 말고 자원순환의 전체적인 그림을 살펴보면서 그야말로 '재활용(Recycle)'과 '업사이클링(Upcycling)', 그리고 재제조(Remanufacturing) 사업에도 눈을 돌릴 필요가 있다.

나는 자원순환이나 환경 경제학과 같은 분야의 전문가는 아니다. 다만 재활용 사업 현장에 있어 본 사람으로서, 그리고 재활용을 실천하는 운동가로서, 그 경험을 바탕으로 재활용 사업의 새로운 전망과 비전에 관해 나 나름의 견해를 제시해 보고 싶은 것이다.

그 새로운 지평 속에는 중국과 같은 거대한 시장에서의 재활용 사업도 들어가 있고, 앞으로 언젠가는 이루어질 남북통일에 대비한 재활용 사업도 포함되어 있다. 특히 중국은 빠른 속도로 세계 경제 대국으로 부상하는 과정에서 환경과 자원, 그리고 에너지 문제의 해결을 위해 골머리를 앓고 있는 실정이다. 도전은 응전을 낳듯이 중국이 자원과 환경 문제의 해결에 노력하다 보니 재활용 기술의 경우, 오히려 우리보다 앞서 있는 분야도 있다. 우리의 재활용 역사와 노하우를 중국과 나누면서 환경도 살리고 사업적으로도 성공할 수 있는 비즈니스 모델을 만들 절호의 기회가 오고 있다고 생각한다. 아니 이미 와 있다. 그리고 재활용 산업에서 중국과의 교류와 협력은 재활용, 나아가 자원순환의 지구적 차원으로의 업그레이드라는 측면에서 중요한 출발점이 될 것이다.

물론 이들 사업은 아직은 실현되지 못하고 있는 꿈의 영역이지만, 그 꿈을 함께 꾸고 현실로 만들어갈 많은 분을 만나고 싶다. 그리하여 환경을 보호하고 지구를 살리면서 사업적으로도 성공할 수 있는 보다 큰 차원의 네트워크를 만들고 싶다. 특히 젊은이들의 열정적인 도전을 끌어안고 싶다. 이 책을 읽은 분들의 많은 관심과 연락을 기다린다.

이 책이 나오기까지 많은 분께서 도와주셨다. 특히 일송북 출판사의 천봉재 사장은 이 책을 기획하고 방향을 제시해 주었다. 또한 내가 새로 만들려고 하는 사단법인 한국자원순환경제협회에 깊이 관여하고 있는 박병규 씨에게도 깊은 감사의 말씀을 올린다. 그리고 사랑하는 우리 가족에게도 감사의 뜻을 전한다.

저자 천정곤

차례

머리말 ·········· 4
서문: 쓰레기 더미에서 황금알을 캐는 사나이 ·········· 13

제 1 장

중국 재활용 시장이 부른다

중국순환경제협회 ·········· 31
중국의 재활용 산업 관련 정책 ·········· 38
중국의 쓰레기 분리수거 현황 ·········· 44
중국 주요 도시의 쓰레기 시책 ·········· 48
중국의 중고 가전제품 시장 현황 ·········· 52
중국의 재활용 시장 기회를 활용하자 ·········· 55

제 2 장

다시 점검해 보는 재활용 사업

시대정신으로서의 재활용 ·········· 61
재활용 사업의 경제적 효과 ·········· 65
재활용 인식 확산에 기여 ·········· 70
재활용 사업의 온라인화 ·········· 73
전환기에 놓인 재활용 사업 ·········· 77

재활용협회 회고 ········ 80
생산자책임재활용제도 ········ 84
쓰레기 종량제 ········ 91
분리배출표시제도 ········ 95
자원의 절약과 재활용 촉진에 관한 법률 ········ 98

제 3 장

재활용 사업의 새로운 지평

재활용 사업의 업그레이드가 필요하다 ········ 105
재활용에 관한 용어 정리 ········ 107
재활용 품목의 확대와 세분화 ········ 114
재활용 품목의 전문화 ········ 118
종이팩의 재활용 ········ 125
재활용 사업의 온라인, 모바일화 ········ 130
업사이클링에 주목하자 ········ 137
첨단기술을 활용하자 ········ 151

제 4 장

세계 중고무역 이니셔티브

중고제품의 과잉 양산 157
세계 중고무역 구상 159
우리나라 중고무역의 현 상황 162
중고무역의 어두운 면 168
중고무역의 현실적 제약 173
중고제품 자유무역기구 설치의 필요성 179
환경상품의 교역확대를 위한 협정 183
좋은 의도가 성공하려면 188

제 5 장

자원순환사회

자원순환사회란 197
자원순환사회전환촉진법 201
유럽의 순환경제 비전 207
녹색화학 215
소비와 사용, 제품과 서비스 219

제 6 장

남북통일과 재활용 사업

남북통일과 재활용 사업 ········ 229
통일 비용과 통일 편익 ········ 234
재활용을 통해 통일에 기여하는 방안 ········ 237

제 7 장

공유가치 창출과 재활용

공유가치 창출이란 무엇인가 ········ 243
공유가치 창출의 세 가지 방법 ········ 250

맺음말에 대신한 제언 ········ 256

서문

쓰레기 더미에서 황금알을 캐는 사나이

 천정곤의 지구를 살리는 자원순환 이야기

쓰레기 더미에서 황금알을 캐는 사나이

〈쓰레기 더미에서 황금알을 캐는 사나이〉. 이것은 2004년에 펴낸 내 책의 제목이다. 그리고 내가 재활용 사업을 하고 나서부터 나를 따라다녔던, 천정곤이라는 사람을 나타내는 상징적 표현이기도 하다. 재활용에 관한 나의 새로운 생각들을 써 내려가기 전에 이 이야기를 맨 처음에 끄집어내는 이유는 나를 잘 모르는 사람들께 나에 관해 먼저 알려드릴 필요가 있다고 생각했기 때문이다. 그리고 왜 지금 내가 다시 이 책을 쓰고 있는지를 이해하는 데에도 도움이 될 것이라고 여겼기 때문이다. 그래서 나의 어린 시절부터 살아온 과정과 재활용 사업을 본격적으로 하게 되기까지의 과정을 간략하게 말씀 드리려고 한다.

나는 1958년 1월 8일 경상북도 영천군 임고면에서 태어났다. 내가 태어난 곳은 뒤에는 운주산, 앞에는 천장산으로 사방이 산으로 둘러

저자는 〈쓰레기 더미에서 황금알을 캐는 사나이〉를 출판한 기념으로 2005년 1월 서울, 대구, 부산 교보문고의 초청으로 저자 사인회와 강연을 했다.(서울 교보문고 저자 초청 강연 중)

싸인 작은 마을이다. 그 조용하고 아늑한 마을에서 태어난 나는 그러나 요란스러운 말썽꾸러기였다. 게다가 나는 또 못 말리는 고집쟁이였다. 한번 해야겠다고 마음 먹으면 끝까지 해야 직성이 풀렸고, 내 뜻대로 되지 않으면 나뒹굴면서 울었다. 나는 찢어지게 가난한 집안에서 태어난 아들 다섯 형제의 맏이였지만 전혀 어른스러운 구석이 없었다. 한마디로 초등학교까지의 내 생활은 사고뭉치가 언제 무슨 일을 저지를지 모르는 위태위태한 나날의 연속이었다. 아무리 곰곰이 생각해봐도 내가 그 시절에 왜 그랬는지 이해가 되지 않는다. 초등학교를 졸업하고부터는 사고뭉치의 모습에서 완전히 달라졌기 때문이다.

초등학교를 졸업한 후 나는 중학교에 진학하지 못했다. 물론 나는 중학생이 되고 싶었다. 그러나 우리 집 형편은 나를 중학교에 보낼 만한 처지가 아니었고, 부모님 또한 나에게 공부를 더 가르칠 생각을 전혀 갖고 있지 않았다. 중학교에 진학하지 않은 아이들은 대개 두 가지 길을 걷게 된다. 하나는 집에서 일을 거드는 것이고, 다른 하나는 집을 떠나 돈을 벌러 가는 것이다. 나에게는 두 번째 길이 기다리고 있었다. 나는 부산에 계신 외삼촌댁으로 향하는 완행열차에 몸을 실었다. 마음속으로는 실체도 정확하게 모르는 '성공'을 반드시 하고야 말겠다는 다짐을 하면서 말이다.

부산 해운대의 외삼촌댁은 식당을 운영하고 계셨다. 그리고 식당 옆에 보림연탄 직매장이 있었는데, 이것도 외삼촌이 맡아서 하는 것이었다. 나는 그곳에서 가게를 청소하고 연탄 배달 일을 했다. 다른 아이들이 교복을 입고 학교에 가는 시간에 내가 이런 일을 하고 있다는 것이 부끄러웠지만, 해운대 근처의 동백섬에서 매일 아침 떠오르는 해를 보면서 나는 나도 모르는 사이에 꿈을 키우고 있었다. 당시 나는 불확실하고 막연하지만 앞으로 내가 될 수 있는 인물의 모습을 떠올려보곤 했다. 날이 흐리거나 비가 와서 해가 뜨는 걸 보지 못하는 날에도 나는 자전거를 타고 동백섬으로 나갔다. 아무에게도 방해받지 않는 그 시간이 내게는 너무나 소중했고 또 너무나 행복했다. 매일 아침 그곳을 찾으면서 나는 고달팠던 그 시절을 잘 이겨낼 수 있었던 것 같다.

그러던 어느 날 나는 엘리베이터가 없는 아파트의 계단으로 연탄을 배달하다가 힘이 부쳐서 연탄을 떨어뜨리고 말았다. 연탄 자국이 날까 봐 연탄을 내려놓지 않으려다가 연탄이 깨지는 바람에 계단이

엉망이 되고 만 것이다. 주인 여자에게 혼이 난 것은 당연했다. 하지만 외삼촌에게는 이 일을 알리지 말아 달라고 애걸복걸했다. 그날 나는 이를 악물고 연탄을 날랐다. 그리고 손등으로 눈물을 훔쳐내며 계단 청소를 했다. 그날 나는 속으로 굳게 다짐했다. "절대로 이 일을 계속하지 않을 거야. 나는 내가 번 돈으로 돌아가서 다시 학교에 다닐 거야. 이런 고생을 하지 않고, 이런 모욕을 당하지 않으려면 공부를 해야 해. 절대로 이렇게 비굴하게 살지 않을 거야."

중학교에 입학한 나는 참으로 열심히 공부했다. 학교에 계속 다니기 위해서는 공부를 열심히 하지 않으면 안 된다고 나는 생각했다. 내가 일 년 동안 벌어놓은 돈은 중학교 3년을 마치기에는 턱없이 부족한 액수였고, 중간에 쉬지 않고 공부를 계속하려면 학비가 들지 않아야 했고, 그렇게 되기 위해서는 성적이 아주 좋아서 학비를 면제받지 않으면 안 되었던 것이다. 이를 악물고 열심히 공부한 결과 나는 육성회비를 면제 받으면서 중학교에 다닐 수 있었다.

중학교 시절 나는 공부만 열심히 한 것이 아니었다. 누가 봐도 흠잡을 데 없는 모범생이었다. 언제나 성실하고 매사에 솔선수범하며 강력한 리더십으로 친구들을 이끌었다. 초등학교 시절과 비교하면 상상도 할 수 없는 변화였다. 초등학교와 중학교 시절, 그 사이에는 하나의 강이 있었다. 내가 힘겹게 건너온 그 강은 부산 해운대 시절이었다. 일 년밖에 안 되는 그 짧은 기간이 나를 완전히 바꾸어놓았다. 너무나 고달팠고 너무나 비참했고 너무나 부끄러웠던 그 시절에 나는 너무나 많은 것을 깨닫게 된 것 같았다. 구체적으로 내가 깨달은 것이 무엇인지는 모르지만, 달라진 내 모습이 그 사실을 말해 주고 있었다. 그리고 중학교 시절 나는 친구들과 어울려 놀거나 여학생을 사귀는 대신 다른 데 관심이 있었다. 그것은 교회에 나가는 일이었다. 나는 주일마다 교회에 나가서 내 마음이 흔들리지 않게 해달라고 기도하곤 했다.

중학교를 졸업한 나는 대구공고 기계과 야간부에 입학했다. 마음으로는 인문계 고등학교에 진학해서 나중에 좋은 대학에 가고 싶었다. 하지만 내 현실은 낮에 일해서 돈을 벌어야만 밤에 겨우 공부할 수 있는 처지였다. 그나마 중학교 때 열심히 공부한 덕분에 나는 영천의 작은 중학교에서 대구 제일의 공업계 고등학교인 대구공고로 진학할 수 있었다. 낮에는 소년조선일보를 팔고 저녁에는 학교에 다녔다. 고단하긴 했지만 힘들다고 느껴지진 않았다. 물론 나태해지거나 해이해질 때도 있었다. 그럴 때에는 부산 해운대 시절을 생각했다. 힘에 버거운 연탄을 양손에 들고 낑낑대며 비탈길을 오르던 그 시절을 떠올리면 정신이 번쩍 들었다.

그 시절 공부에 대한 내 욕심은 대단했다. 공부를 열심히 하지 않으면 살아남을 수 없다는 절박한 생각을 갖고 있었기 때문에 학교 공부는 물론이고 기회가 닿는다면 무엇이든 더 배우고 싶었다. 나는 고등학교에 입학하자마자 열관리 자격증을 따기 위해 학원에 등록했다. 아르바이트를 할 수 있는 기회가 계속 주어질지를 알 수 없는 막막한 상황이어서 한 푼이라고 더 아끼기 위해 먹는 것을 줄이던 그 시기에, 나는 하나라도 더 배워야겠다고 학원에 등록을 한 것이다. 그런 생활은 고등학교에 다니던 3년 내내 계속되었다. 그리고 공고생이 취업하는 데 꼭 필요한 자격증들을 땄다. 또 3학년이 되어서는 야간

나는 재활용 사업을 통해 성공한 후 젊은이들에게 "어릴 때 고생은 사서도 한다"라는 말을 강조하곤 한다. 내가 공고를 나왔기 때문에 울산공업고등학교 등 여러 곳에서 강연을 했다.

대학에라도 가려고 일반 단과학원에 다니면서 눈만 뜨면 책과 씨름을 했다. 그 바람에 나는 거의 굶다시피 했다. 다른 친구들은 밥을 하기 싫어서 라면을 먹는데, 나는 라면이 비싸서 거기에 국수를 넣어 끓여 먹었다. 그것도 거르기가 일쑤였다. 내 몸은 뼈만 앙상하게 남은 몰골로 변해 갔다. 그리고 마침내 회복할 수 없는 지경에 이르렀다. 결국 나는 한창 건강해야 할 시기에 시든 꽃처럼 주저앉았고, 그 시기가 오래 지속되면서 울산 현대그룹으로 취업을 나가게 되었다. 가난과 싸우며 고학의 길을 개척하던 내게는 너무나 참혹한 결과였다. 꿈을 접지 않으면 안 되었다.

산업체 근무를 5년 마치고 나온 나는 바로 일을 시작해야 했다. 물론 나는 대학에 다니고 싶었다. 공대에 진학해서 기술을 더 배우고 실력을 더 쌓고 싶었다. 그러나 나에게는 그럴 여유가 없었다. 어릴 때부터 나를 옭아맨 가난이 철저하게 나를 붙들고 놓아주지 않았던 것이다.

내가 세상에 태어나서 아주 잘한 일 중의 하나는 아내를 만나 결혼한 것이다. 지금도 나는 아내를 짝으로 맺어주신 하나님께 감사드린다. 아내와 결혼하지 않았으면 나의 성공과 행복은 없었을 것이다. 그리고 현재의 내 모습도 모두 아내의 기도 덕분이라고 생각한다. 나는 단순히 예쁘고 매력적인 여자보다는 의식이 있고 자기 철학이 분명한 사람을 만나고 싶었다. 신앙심도 깊은 사람이기를 바랐다. 남을 배려할 줄 알고 마음이 따뜻한 사람이면 더 좋겠다고 생각했다. 그런데 아내가 바로 그런 사람이었다.

결혼 후 우리는 울산에 신방을 꾸미고 수리센터를 운영했다. 나는 전자제품을 수리했고 아내는 내가 하는 일을 거들었다. 내가 출장수리를 가면 아내는 가게로 찾아오는 손님을 맞아 판매도 하고 수리도 해 주었다. 그렇게 접수된 가전제품들을 나는 밤늦게까지 수리했다. 밤낮을 가리지 않고 열심히 일한 결과, 우리는 적지 않은 돈을 저축할 수 있었고, 1986년 겨울에는 어렵게 집을 장만할 수 있었다. 무일푼으로 시작해서 그렇게 일찍 집을 마련한 것이 여간 기쁘지 않았다.

그러나 세상은 우리의 행복을 그냥 내버려두지 않았다. 뜻하지 않은 일이 생겨서 우리가 쌓은 노력을 한 순간에 물거품으로 만들어 버렸다. 그 무렵에는 부동산 가격이 막 오를 때였는데, 우리가 산 집도 가격이 오르기 시작했다. 그래서 그 집을 담보로 대출을 일부 받아 포항에 집을 한 채 사고, 남는 돈으로 대우전자 대리점을 하려고 했다. 그러나 나의 순진하고 소박한 생각은 교활한 사기꾼의 표적이 되고 말았다. 세상 물정에 어두웠던 나는 그 사기꾼에 속아 미처 손을 써볼 겨를도 없이 집 판 돈을 다 날리고 말았다. 그 사실을 안 순간 나는 그 자리에 털썩 주저앉았다. 하늘이 샛노랗게 보였고 머리가 빙빙 도는 것처럼 어지러웠다. 나는 멍한 상태에서 며칠을 보낸 다음 사기꾼을 찾아 나섰다. 그러나 작정을 하고 사기를 친 사람이 내 눈에 쉽게 띌 리가 없었다.

사람도 못 찾으면서 계속 헛걸음질만 하던 나는 포항 송도해수욕장으로 갔다. 바다는 내 시야를 확 트이게 해 주었지만 내 가슴은 더욱더 답답하기만 했다. 나는 사람들 눈에 띄지 않는 한적한 곳을 찾았다. 그리고 뛰어내리기 좋은 지점에 가서 섰다. 자살은 모든 희망이 사라져 버린 사람들이 선택하는 것이었다. 나 역시 그랬다. 내가 기울일 수 있는 최대한의 노력을 다 기울여서 얻은 나의 전 재산이 한 순간에 날아가 버린 현실을 나는 도저히 받아들일 수가 없었다. 그리고 잃어버린 것을 되찾을 수 있을 가능성도 전혀 없었다. 맨주먹으로 다시 시작하기에는 너무나 지쳐 있었다. 나는 가장 쉬운 방법을 생각했고, 그것이 바로 스스로 목숨을 끊는 일이었다.

그런데 막상 뛰어내리려고 하자 온갖 생각이 머리를 스쳐 지나갔다. 고생이 어떤 것이라는 걸 뼈저리게 느꼈던 부산 해운대 시절부터 굶어서 영양실조에 걸렸던 고등학교 시절, 힘들어서 쩔쩔매며 간신히 버텨냈던 참담했던 시절이 한꺼번에 생각났다. 이렇게 어이없게 세상을 하직하기 위해 그 시절을 힘겹게 이겨냈다고 생각하니 한심스럽기만 했다. 그리고 뒤이어 내가 아는 얼굴들이 다투어 떠올랐다. 부모님과 형제들, 친구들, 그리고 아내와 아이들, 그중에서도 아내의 얼굴이 가장 오랫동안 내 머릿속을 떠나지 않았다. 특히 기도하는 아내의 얼굴이. 아내의 기도하는 얼굴이 떠오르는 순간, 내 눈에서는 닭똥 같은 눈물이 쏟아졌다. 그리고 뒤이어 생각지도 못했던 기도가 터져 나왔다.

"저를 용서해 주십시오, 주님. 한 순간이나마 주님의 사랑을 저버렸습니다. 저의 실패와 좌절은 주님께로 한 발짝씩 더 다가가는 인도라는 것을 제가 미처 생각하지 못했습니다. 제게는 주님께서 보내주신 아내가 있다는 사실도 잠시 잊고 있었습니다. 주님, 다시 일어설 수 있도록 주님께서 붙잡아 주십시오. 그래서 주님의 따뜻한 보살핌 안에서…"

그날 밤 나는 낮에 있었던 일을 아내에게 말했다. 말을 하는데 자꾸만 눈물이 쏟아졌다. 이번에도 아내는 나를 안고 함께 울어주었다. 아내가 없었다면 나는 그 당시의 절망을 이겨내지 못했을 것이다.

죽을 고비를 넘기고 나면 더 열심히 살아간다고 하는 말이 맞는 것 같다. 자살을 하기 위해 포항 송도해수욕장에 갔다가 되돌아온 후 나는 이를 악물고 일에 매달렸다. 다시 태어난 기분이었다. 무엇이든 내가 못할 일이 없을 것 같다는 생각이 들었다. 때마침 나와 경쟁관계에 있던 수리센터가 문을 닫게 되자 나는 과감하게 그 가게를 인수했다. 두 곳의 수리센터를 동시에 운영하면서 수입도 늘어났다.

전자제품을 수리하는 일을 하고 있던 내 눈에 멀쩡하게 쓸 수 있는 가전제품이 버려지는 것이 보였다. 대부분이 텔레비전과 냉장고, 선풍기 같은 것이었고, 세탁기나 전자레인지 같은 것도 있었다. 버린 사람은 고장 난 물건이라고 생각할지 모르지만 내가 봤을 때에는 멀쩡하기만 했다. 설사 작동이 잘 안 된다고 해도 조금만 손을 보면 충분히 다시 사용할 수 있는 것들이었다. 그런 물건들이 도처에 버려지고 있었다.

이런 일이 계속 생기자 신문과 방송에서는 연일 이러한 실태를 보도하고 있었다. 그러나 대안을 제시하지는 못했다. 그런 보도를 접할 때마다 나는 관심 깊게 살펴보았다. 그리고 어느 순간 이 문제를 깊이 고민하는 단계에 이르렀다. 그러나 그런 대형 쓰레기를 갖다 버리지 못하게 할 만한 적절한 방법을 찾을 수가 없었다. 그 일은 단순한 결심이나 우발적인 아이디어로 해결할 수 있는 문제가 아니었던 것이다. 그래서 나는 그 문제를 해결하기 위해 좀 더 적극적인 투자를 하기로 했다. 그것이 바로 바로 재활용사업과 이와 관련된 환경사업에 뛰어들게 된 계기였다. 그리고 그것은 내 인생의 방향을 결정짓는 또 하나의 새로운 출발점이 되었다.

나는 재활용에 대해 먼저 배워야겠다고 생각했다. 나는 틈이 나는 대로 서울, 부산, 대구 등지를 돌며 재활용이 어떻게 이루어지는지 알아보았다. 그런데 놀랍게도 재활용이라고 이름을 붙일 만한 자료가 거의 없었다. 아니 그 당시만 해도 재활용이라는 말조차 생소한 단어였다. 내가 재활용에 대해 질문하면 이상한 눈으로 보는 사람들이 많았다.

대도시를 돌아보며 실망한 나는 지극히 현실적인 문제에 관심을 갖고 재활용 문제를 다시 생각해 보았다. 우선, 물건이 그냥 버려지는 것을 막을 길이 없는지에 대해 고민했다. 그리고 버려진 물건들을 어떤 형태로든 재사용할 수 있게 하려면 고장 난 제품을 고칠 수 있는 전문 기술자가 필요할 것이다. 아울러 새것이 아닌 중고품을 살 수 있는 사람을 확보하는 것도 중요했다. 이 세 가지 조건을 모두 충족시키는 것이 어려운 과제라는 것을 발견했다. 고민 끝에 이 세 가지를 한꺼번에 충족시키는 대상을 만들면 되겠다는 생각이 떠올랐다. 물건을 가져오고, 가져온 물건을 수리하고, 고치거나 손질한 물건을 필요한 사람한테 팔 수 있는 그런 장소가 필요하다는 결론을 내렸다. 나는 이런 생각을 정리하고 수정하고 검토한 제안서를 들고 관공서 문을 두드렸다. 마침내 1992년 10월 당시 울산시 청소과 담당자들을 모시고 시청 사무실에서 브리핑을 하게 되었다. 이것이 내가 재활용 사업에 본격 뛰어드는 사건이었다.

나는 〈대형 폐기물의 효율적 처리방안〉이라는 제목으로 제안서를 만들어 울산시청과 환경부 장관에게 제출했다. 1992년 10월 초의 일이다. 놀랍게도 나의 제안은 전격적으로 받아들여졌다. 한 개인의 아이디어가 1993년도 울산시의 쓰레기 감량 및 자원재활용운동 활성화 계획에 반영된 것이다. 이에 따라 1994년 4월 15일 조례 공포에 이어 1994년 6월 8일, 나의 오랜 숙원이던 전국 최초의 폐가전·재활용센터 〈울산시 상설 재활용품 교환판매장〉이 문을 열게 되었다.

첫날부터 성황을 이룬 재활용센터는 월 평균 2,500만 원의 매출을 올렸다. 그리고 6개월 동안 무려 1억 2천여만 원을 벌어들였다. 재활용센터가 대성공을 거두자 여기저기서 온갖 찬사가 쏟아졌다. 1995년 4월, 나는 서울시 청소사업본부에서 재활용센터 개설의 필요성을 브리핑했다. 그리고 적극적인 협조와 지원을 하겠다는 약속을 받았

나는 현재 (사)세계신지식인협회의 공동회장을 맡고 있다. 사진은 2010년 당시 수석부회장으로서 대한민국 신지식인 인증식을 하는 장면

다. 이 일은 내 제안이 대한민국 전체에서 받아들여지고 재활용센터의 운영이 전국적으로 실시되는 것을 의미했다. 나는 서울시 청소사업본부를 시작으로 전국을 돌며 브리핑을 하는 일을 시작했다. 울산에서 시작된 재활용의 작은 불길이 전국으로 번져 나가게 된 것이다.

나는 그 후 전국을 뛰어다니며 재활용센터 건립에 산파 역할을 했다. 또한 장애인 고용 촉진을 위해 각 재활용센터마다 장애인 고용을 적극 권장하여 장애인 고용 창출에 기여했다. 나는 이 활동들의 성과를 높이 평가 받아 울산시장과 환경부장관 표창을 받았고, 내가 주축이 되어 만든 (사)전국가전가구재활용협의회는 환경부와 조선일보가 주최하는 자원재활용부문 환경대상을 수상하기도 했다. 또 재활용센터의 모범적인 운영과 정부물품 재활용에 이바지한 공로로 조달

청장의 표창을 받고, 1999년 3월에는 신지식인에 선정되기도 했다.

지금까지 내가 재활용 사업을 본격적으로 시작하기까지의 과정을 간략하게 이야기했다. 보다 자세한 내용을 알고 싶으신 분은 나의 자전적 에세이 〈쓰레기 더미에서 황금알 캐는 사나이〉를 참조해 주시면 고맙겠다. 나는 사람들이 나를 '쓰레기 더미에서 황금알 캐는 사나이'라고 불러주는 것을 좋아한다. 하지만 나는 이 말이 나 한 사람에게만 적용되는 표현이라고 생각하지 않는다. 재활용 업계에 종사하는 모든 분에게 어울리는 표현이라고 생각한다.

나는 지난 번 책에서 재활용 사업과 운동은 지구를 살리고 지속 가능한 사회를 만들어 가는 데 꼭 필요하다고 강조한 바 있다. 그리고 전 세계를 상대로 재활용품을 수출하면서 중고무역시장을 개척해 나가야 한다고 주장하기도 했다. 나는 이제 이번 책에서 지구적 차원에서 자원이 선순환 되도록 경제 사회 시스템이 바뀌어야 한다고 강조하고 싶다. 중국 이야기부터 시작하는 까닭도 여기에 있다.

제 1 장

중국 재활용 시장이 부른다

 천정곤의 지구를 살리는 자원순환 이야기

중국순환경제협회

중국말로 '우마이(雾霾)'는 스모그 현상을 뜻한다. 그 우마이가 매우 심했던 2015년 12월 초순 어느 날, 거리의 사람들이 마스크를 착용하고 다닐 정도로 베이징의 공기는 탁했다. 공장에서 나오는 매연과 도심 차량들의 배기가스가 주요인인 우마이는 최근 매년 겨울마다 베이징을 덮치고 있다. 베이징 시 당국은 이날 우마이가 가장 심한 단계에 내리는 조치인 적색경보(중국에서는 이것을 '홍색경보'라고 한다)를 내렸다. 도심을 오가는 차량 통행도 2부제로 강화되었다. 바로 그날 내가 새롭게 만들려고 하는 사단법인 '한국자원순환경제협회' 관계자 일행이 중국 베이징(北京)의 중국순환경제협회(China Association of Circular Economy: CACE)를 찾았다. 여기에 서술하는 것은 이들 일행의 방문 내용을 기초로 하는 것이다.

일행이 중국순환경제협회를 찾은 것은 내가 오랫동안 꿈꿔 왔던 중국에서의 재활용 사업과 한중간의 교류 협력 사업 가능성을 본격적으로 타진해 보기 위해서였다. 또 중국을 시작으로 전 세계를 향해 재활용 운동을 펼쳐나갈 수 있는 계기를 마련하기 위해서였다. 중국 순환경제협회는 원래 명칭이 중국자원종합이용협회(China Association of Resource Comprehensive Utilization)였는데, 2013년 8월 15일에 민정부(Ministry of Civil Affairs)의 비준을 거쳐 현재의 이름으로 바뀌었다. 이 협회는 국무원 국유자산관리감독위원회의 관리를 받고 업무상으로는 국가발전개혁위원회의 지도를 받는 전국적 사단법인 조직이다. 중국의 자원 재활용과 관련된 모든 업무를 실질적으로 총괄하고 있는 곳이라고 할 수 있다. 순환경제의 전략을 수립하고 연구하며 순환경제를 위한 기술의 홍보와 확산에도 힘쓰고 있다. 협회보와 애플리케이션, 웹사이트, 사회관계망서비스(SNS) 등을 활용해 순환경제를 교육하기도 하며, 국제세미나, 박람회, 각종 포럼 등의 서비스 플랫폼을 활용해 국제교류협력에도 노력하고 있다.

협회를 방문한 첫날 중국 측에서는 진연해(陈, 순환경제협회 상무부회장)을 비롯, 방건국(房建国, 부비서장), 강치운(姜治云, 고문), 왕양조(王扬, 고문) 등이 참석했다. 일행은 중국의 자원순환과 관련된 법과 제도, 중국의 자원재활용 현황, 한국과 중국의 자원재활용 산업의 협력방안 등에 관해 장시간 대화를 나누었다. 일행은 비록 한국의 자원재활용 업계를 대표하는 사람들은 아니었지만 대화를 통해 자원재활용 산업 분야에서 한중간에 많은 교류와 협력이 필요하다는 것을 느낄 수 있었다. 특히 중국 측은 자원재활용 관련 제도와 기술 측면에서 한국이 앞서나가고 있는 분야에서는 투자라든가 기술제휴 등의 방식

중국순환경제협회 입구 모습

을 통해 협력할 수 있기를 강하게 희망했다. 이를테면 폐방직(의류) 재활용 기술, 오·처리 기술, 쓰레기 소각 시 발생하는 가스의 에너지화 기술 등에 관해 관심을 보였다. 그런가 하면 폐타이어 재제조 기술의 경우, 자기들의 기술이 한국보다 뛰어나다며 한국에 기술을 수출하거나 한국 업체와 제휴하고 싶다는 뜻을 내비치기도 했다.

둘째 날 순환경제협회를 다시 찾은 일행은 중국에서 이른바 '쓰레기 대왕'이라는 별명을 가진 분을 만날 수 있는 영광을 가졌다. 〈쓰레기 더미에서 황금알을 캐는 사나이〉라는 책을 펴낸 바 있는 나로서는 일행에게서 그분의 별명을 전해 듣는 순간 뭔가가 가슴에 와 닿았다. 게다가 그분이 설명해 준 중국 중앙정부와 베이징 시 당국의 쓰레기 관련 정책을 듣고 나서는 쓰레기, 혹은 자원재활용과 관련된 중

쓰레기 대왕이라는 별명을 가진 왕유평 베이징 시 인민대표대회 대표

국 전반의 현황을 큰 그림으로 그릴 수 있었다. 그분의 성함은 왕유평(王维)으로 현재 베이징 시 인민대표대회 대표, 베이징 시 인민정부 참사로 활동하고 있으며, 국가환경특별감찰관 10명 중 한 명이기도 하다. 그의 설명을 요약해 보면 다음과 같다.

그는 1999년에 이미 순환경제를 역설했다. 당시 그는 도시 시정 연구와 함께 쓰레기에서 황금을 캐내기(이 부분의 표현이 나의 책 제목과 비슷하여 나는 깜짝 놀랐다) 위한 연구를 진행하고 있었다고 한다. 중공중앙 정치국 상무위원회가 열렸는데 그때 그는 강택민(江澤民) 당시 주석 앞에서 순환경제와 환경경제학에 관해 강의를 했을 정도로 이 방면에 대가였다. 그의 의견을 받아들여 중국 정부는 2002년 10월에 순환경제의 필요성을 발표했고 2008년에는 드디어 순환경제촉진법을 제정하게 된다. 그는 지금까지 중국의 중앙 정부는 산업쓰레기 위주로 정책을 펴왔고, 생활쓰레기 정책은 상대적으로 늦게 시작했다고 시인했다. 국가발전개혁위원회는 순환경제 차원에서, 그리고 상무부는 쓰레기의 회수에 중점을 두고, 건설부는 쓰레기의 처리 부분에 각각 관여하다 보니 통합적인 컨트롤 타워의 부재라는 문제가 있었다는 것이다. 본인은 건설부에 소속되어 소각발전소에 집중하다 보니 자원순환 처리에는 미흡했다고 솔직히 인정했다.

또 그는 쓰레기 회수가 낮은 단계(정부가 관여하지 않고 민간차원)에서 진행되다 보니 체계적이지 못했다고 말했다. 그에 따르면 현재 쓰레기 회수 종사자는 전국적으로 약 230만 명에 달하며, 베이징 시에만 약 17만 명(점 조직 형태의 개인 사업자로 우리나라의 고물상 등이 이에 해당하는 것으로 보인다)이 일하고 있는 것으로 알려졌다. 이들은 8가지 분야(유리, 종이, 금속, 고무, 음식, 가전, 플라스틱 등)에서 수거한 쓰레기를 재활용 산업단지에 판다. 이 가운데 다시 사용할 수 있도록 수리된 폐가전은 80%가 농촌으로 팔려가고 나머지 20%는 리사이클링 된다고 한다.

베이징 시는 TV, 냉장고, 세탁기, 컴퓨터 등 6가지 종류의 전자쓰레기 처리장 2군데를 2011년과 2013년에 각각 설립했다. 이곳은 정부에서 운영하는데, 전자쓰레기의 경우 민간인 17만 명이 거의 다 수거해 가기 때문에 물량이 부족하다고 한다. 그러다 보니 이곳에서 일하는 사람들이 경제적으로 어려움을 겪고 있단다. 그런데 농촌에 팔린 중고 에어컨이나 TV브라운관 등이 폭발하면서 재사용 전자제품의 위험성이 노출되는 사태가 발생했다. 정부는 이를 계기로 민간 수거에 대해 규제하는 한편, 보조금 등을 지원하면서 전자쓰레기 처리에 개입하기 시작했다. 정부의 개입은 이제 막 시작하는 단계로 순환경제촉진법에 의거하여 베이징 시에서 조례 제정 등의 방식을 통해 진행되고 있다. 우선 아파트 단지 안에 작은 공간을 마련하고 폐가전 등을 수거하면, 정부가 출연하여 설립한 회사(우리로 치면 일종의 재활용센터)가 이곳에서 수리를 한다. 이곳의 이윤을 보장하지는 못하므로 자원봉사자 등을 참여시키고 있다고 한다. 아울러 베이징 시 외곽의 동서남북에 걸쳐 4개의 대규모 〈순환경제산업기지〉를 만들기로 하고 현재 2개를 건설 중이라고 했다.

중국의 '쓰레기 대왕'은 한국과 중국 간에 3가지 협력 구조가 가능할 것이라고 내다봤다. 첫째는 기술 측면이다. 한국의 성숙한 재활용 관련 기술은 저렴하면서도 발전되어 있다. 따라서 한국의 기술을 중국에 들여오거나 중국이 이 기술에 투자할 수 있다. 둘째는 시장(산업) 측면. 폐기물을 처리하는 데에 양국 간 무역 교류가 가능하다. 예컨대 한국에서는 처리 안 되는 폐기물이 중국이나 다른 나라에서는 처리 가능할 경우 그 폐기물을 사갈 수 있다. 반대로 중국에서는 처리할 수 없는 폐기물을 한국에 기술이 있으면 이를 사가서 재활용하면 된다는 것이다. 셋째는 관리 프로세스 측면. 한국은 쓰레기 처리 허가를 내주고 그것이 제대로 지켜지지 않으면 벌금, 구류 등 법률적으로 관리하고 있는데 중국에는 아직 그런 것이 정비되어 있지 않다. 따라서 중국은 한국으로부터 이러한 측면에 대해 많이 배워야 한다고 그는 주장했다.

중국순환경제협회를 방문한 관계자 일행의 보고를 받고 나서 나는 자원재활용 사업의 한중간 교류 협력은 물론, 자원재활용 운동의 세계적 확산을 추진할 수 있는 계기를 발견한 것 같아 너무 기뻤다. 앞으로 해야 할 수많은 일이 눈앞에 펼쳐지는 듯했다. 나는 자원의 재사용(Reuse), 재활용(Recycling), 재제조(Remanufacturing)를 아우르는 협회가 필요하다고 보고 사단법인 한국자원순환경제협회를 발족하기 위해 준비 중이다. 이 사단법인이 발족되면 중국순환경제협회와 교류협력에 관한 MOU를 체결할 계획이다.

중국의 재활용 산업 관련 정책

쓰레기는 세계적인 문제이다. 경제협력개발기구(OECD) 회원국 평균으로 볼 때 우리는 매년 1인당 540kg의 쓰레기를 배출한다고 한다. 이것은 생활쓰레기만을 말하는 것이고 산업쓰레기까지 포함하면 그 수치는 몇 배로 뛰어오를 것이다. 이렇게 발생하는 쓰레기를 처리하기 위한 사회적 비용도 엄청나다. 선진국에서 쓰레기를 처리하는 데 들어가는 비용은 연평균 120조 달러에 이른다고 한다. 경제개발이 이루어지고 도시화가 진행될수록 쓰레기 발생량도 자연스럽게 늘어나게 마련이다. 우리나라가 그러했듯이 이른바 G2로 불리면서 경제대국으로 급부상하고 있는 중국도 예외는 아니다.

중국 정부가 쓰레기(재사용의 영역뿐만 아니라 리사이클링 영역까지 포함) 문제를 해결하기 위해 어떤 정책을 펴나가고 있는지 우선 살펴보도록 하자(여기에서 서술된 내용은 www.china5e.com에서 많은 부분을 인용

했음을 밝혀둔다).

중국 정부는 경제성장과 동시에 나타나는 에너지 과소비, 대량 오염과 자원 환경 제약 문제를 해결하기 위해 앞에서 이야기했듯이 순환경제(Circular Economy) 정책을 추진하고 있다. 순환경제는 자원에 대한 효율적인 이용과 순환 이용을 핵심으로 '사용량 감소, 재활용, 자원화'라는 원칙 아래, 에너지 저소비, 에너지 고효율, 폐기물 저배출을 기본 특징으로 한다. 우리가 말하는 자원순환 정책의 중국식 표현인 셈이다. 우리 일행이 방문했던 중국 순환경제협회에서는 지역순환경제 및 생태문명 건설, 공업순환경제, 농업순환경제, 자원재생순환 이용(Resource Recycling), 재제조(Remanufacturing), 생활쓰레기 자원화, 과학기술 보급 확산, 녹색 소비 등의 업무 영역을 다루고 있었다.

중국 정부는 '국가 12차 5개년(2011~2015년) 계획(12·규획)' 시행 기간에 재생가능 자원 재활용 시스템을 구축하고, 도시와 농촌 지역의 재활용 거점 및 네트워크를 구축하여 재생 가능 자원을 재활용할 수 있는 규모를 확대하며, 재생 가능 자원 재활용 산업을 중점 육성할 계획으로 이를 추진 중이다. 중국의 재생 가능 자원 재활용 시스템은 2006년에 처음으로 공식 가동된 이후, 재활용 가능한 폐기물의 회수, 운반, 처리, 재활용을 위한 시스템으로 계속 발전 중이다.

재생가능 자원의 재활용은 순환경제를 발전시키는 전제 조건이며, 그 기초가 된다. 효과적인 폐기물 회수가 가능해야 '자원-제품-폐기물-재생가능 자원'이라는 순환 성장 모델을 만들 수 있으며, 자원의 효과적인 순환을 실현할 수 있다. 재생 가능 자원의 재활용 상황에 따라 순환경제 발전의 성공과 실패가 결정된다고 볼 수 있다.

베이징 시내에 유일하게 남아있는 쓰레기 회수 처리장 모습

    관련 통계자료에 따르면, 현재 중국의 폐플라스틱 회수율은 약 24% 정도로 낮은 수준이다. 폐플라스틱 1톤을 회수하면 0.85톤의 플라스틱 원료를 추출할 수 있으며 약 3톤의 석유를 절약할 수 있게 된다. 또한, 폐알루미늄 회수 이용을 보면, 일본은 약 21회 정도 순환 이용이 가능하지만, 중국의 경우에는 7~10회 정도로 낮은 상황이다.

    중국은 재생 가능한 자원 산업을 대폭 발전시킬 수 있는 가능성이 크다. 가전 산업만 보더라도 중국이 현재 보유하고 있는 가전제품 양은 TV, 냉장고, 세탁기 보유량이 각각 약 3.5억 대, 1.3억 대와 1.7억 대에 달하고 있다. 또한 중국은 해마다 최소 1,500만 대에 달하는 가전제품, 500만 대에 달하는 컴퓨터, 1,000만 대에 달하는 휴대폰을 폐기하고 있는 상황이다. 중국은 폐기된 전기 제품에서 구리

(Copper), 주석(Tin)을 추출하고, 폐기된 배터리에서 수은(Mercury), 망간(Manganese), 카드뮴(Cadmium), 납(Lead), 아연(Zinc) 등 재생 가능 금속을 추출하고 있으며, 관련 추출 기술은 상용화 전망이 매우 밝은 상황이다.

중국 정부는 '12·규획' 시행 기간에 '폐기물 재활용 시스템 시범 공정'을 '국가 7대 중점 시범 공정'에 포함시켰다. 또한, 5년간 80개 도시에서 폐기물 재활용 시스템 시범 공정을 중점적으로 추진하여 합리적인 배치, 관리의 규범화, 회수 방식의 다각화 및 회수 비율이 높은 폐기물 회수 시스템을 구축할 계획이다.

2009년부터 2011년까지 중국 상무부는 재정부와 공동으로 중앙 재정에서 자금을 지원하여 재생 가능한 자원을 재활용하는 시스템 구축 시범 도시와 지역성(省) 재활용 기지 구축을 추진하였다. 지난 2011년 말까지 중국 내 52개 도시에 41,309개 재활용 거점, 226개의 분류 센터, 37개 분산 수구(收購) 시장을 구축하였다. 또한 대형으로 재생 가능한 자원을 재활용하는 기지도 91개 구축하였다.

2011년 중국 내 폐기물 회수량은 1.65억 톤 규모로 전년 대비 10.6% 증가하였으며, 서로 다른 종류의 폐기물 회수 기업이 10만 개에 달하고, 종업원 수는 약 1,800만 명에 달하는 것으로 나타났다. 2012년도에 중국 상무부와 재정부는 세 번째로 심사, 비준한 24개 시범 도시와 12개 성(省)급 지역에서 재활용 가능한 대형 기지 구축을 추진하고 있다.

현재 중국 내 부분적인 대형 폐기물 회수 및 처리 업체들의 영업 규모는 100억 위안(약 16억 달러) 규모로 성장하였다. 이러한 대형 기업체들은 폐기물 회수 및 처리 관련 핵심기술 연구개발과 응용을 통해 전통적인 재생 가능 자원 회수, 분류, 처리 공법에 대한 신속한 업그레이드를 실현하였다.

최근 중국 정부는 자동차, 가전 분야에서 '이구환신(以舊換新: 오래된 제품을 새 제품으로 교환한다는 뜻)' 정책을 실행하여 소비와 수요를 확대하는 동시에 자원 이용 효율을 향상시키고 환경오염을 감소시켰으며, 재생 가능 자원에 대한 재활용 업스트림 산업(Upstream Industries)과 다운스트림 산업(Downstream Industries)의 융합 발전을 추진하였다.

중국은 '이구환신' 정책 실행을 통해 9,298만 대에 달하는 새로운 가전제품을 판매하였으며, 9,474만 대에 달하는 폐가전을 회수, 8,082만 대의 가전제품을 분류 처리하여 3,442억 위안(약 546억 달러)에 달하는 직접 소비를 견인하였다. 회수 이용한 폐가전에서 추출한 철강, 유색금속, 플라스틱 등 자원은 약 119만 톤 규모로 나타났다.

'12·규획' 시행 말기인 2015년에 중국은 현대적인 폐기물 회수 방식, 선신석인 기술 설비, 완벽한 회수 네트워크, 효율적인 분류 및 처리, 관리가 규범화된 폐기물 회수 처리 시스템을 구축하는 한편, 전국의 주요 제품의 재생 가능한 자원 재활용 비율은 70% 이상 수준에 도달할 것으로 예상된다. 중국 정부는 이 재활용 비율을 2020년까지 75%로 끌어올릴 방침이다.

한편 중국은 향후 5년(2016~2020년) 중국 경제의 청사진이 담긴 '13.5규획'을 마련 중이다. 중국 주요 경제 매체와 투자기관들은 '13.5규획' 기간에 성장 기회를 맞을 유망 산업과 수혜 종목들을 앞다투어 발표하고 있다. 13.5규획은 중국의 향후 경제 운영의 마스터플랜이라는 점에서 많은 사람의 관심을 끌고 있다.

그중에서 특히 시장과 투자자들의 주목을 받고 있는 분야는 ▲노령화 인구구조 변화에 따른 신산업 ▲여행, 미디어, 스포츠 등 소비형 서비스업 ▲환경, 에너지, 인터넷플러스 ▲국유기업 개혁 ▲제조업 업그레이드 전략인 '중국제조 2025전략' 등이다. 특히 중국의 환경 산업은 '13.5규획' 기간 중 최대 수혜 산업으로 꼽히고 있다.

지난 2001~2010년 동안 중국의 환경 관련 투자 규모는 1,107억 위안에서 6,654억 위안으로 6배 가까이 증가했다. 전체 GDP에서 환경 산업이 차지하는 비중도 1.01%에서 1.66%로 높아졌다. 이 기간 중국의 환경 관련 산업은 매년 20%대의 성장세를 이어갔다. 13.5규획 5년간 중국의 직간접적인 환경 관련 투자 규모는 정부 투자와 민간 자본을 활용한 민관협력사업(PPP)을 합쳐 17조 위안을 넘어설 것으로 전망되고 있다. 특히 '13.5규획' 기간 정부의 환경 관련 투자액은 12.5규획 기간보다 3배 증가할 것으로 예상된다.

향후 5년간 중국의 환경 정책이 기존의 오염물질 배출량 제한에서 환경 질량 개선으로 중심이 옮겨감에 따라 환경 관련 신기술과 혁신 업체에 대한 수요가 크게 증가할 전망이다. 전문가들은 특히 이 기간 동안 중국의 환경 산업이 대기오염, 토지오염, 수질관리 등 3대 부분에 집중될 것으로 관측하고 있다.

중국의 쓰레기 분리수거 현황

중국이 쓰레기를 분리 수거해야 하는 이유는 명백하다. 도시 건설에 따른 발전과 주민들의 생활 수준 향상으로 도시의 생활쓰레기 발생량이 날로 늘어나고 있기 때문이다. 관련 통계에 따르면, 중국 도시의 주민 한 사람이 매일 버리는 쓰레기 무게는 평균 1.2kg에 달한다고 한다. 중국의 도시 생활쓰레기는 1978년에 개혁 개방정책을 실시한 이래로 매년 평균 8~10%의 속도로 증가해 왔다.

중국 도시의 생활쓰레기 발생량은 중국의 인구만큼이나 거대하기 때문에 쓰레기 처리에 관한 도시의 고민은 날로 증가하고 있다. 따라서 중국에서 쓰레기의 분리수거를 통한 재활용은 자원 낭비와 쓰레기 처리 문제를 동시에 해결할 수 있는 좋은 방안이 될 수밖에 없다. 하지만 중국의 생활쓰레기 분리수거는 지금까지 잘되지 못했고 지금도 제대로 실천되지 않고 있는 게 현실이다. 분리수거가 제대로 실천

중국 베이징 시 한 아파트 단지 내의 쓰레기 통 모습. 베이징 시 당국은 분리수거를 제도적으로 마련해 놓았지만 실제로 시민들의 분리수거는 제대로 실천되지 않고 있다.

되지 않는 이유 중의 하나는 분리배출을 하지 않더라도 아무런 벌과 금이나 법적 구속력이 없기 때문이다. 또 하나의 이유는 분리배출을 하지 않고 버려도 쓰레기통을 뒤져 돈이 될 만한 재활용품(폐지, 플라스틱 등)들을 골라서 가져가는 사람들이 넘쳐나기 때문이라고 한다.

중국에서 생활쓰레기는 크게 재활용 가능 쓰레기와 재활용 불가능 쓰레기로 분류된다. 재활용 가능 쓰레기를 제외한 나머지 쓰레기는 음식물 쓰레기, 유해 쓰레기 및 기타 쓰레기로 분류된다. 그리고 쓰레기를 처리하는 방법으로는 종합 이용, 깨끗한 매립, 소각, 발전, 생물 퇴비, 자원 반환 등이 있다.

중국에서 재활용이 가능한 쓰레기는 크게 5가지 종류로 분류된다. 그것은 폐지, 플라스틱, 유리, 금속 및 섬유류 등이다.

중국의 쓰레기 분류체계

　　폐지는 신문, 정기간행물, 도서, 각종 포장지, 사무용지, 광고 종이 등을 포함한다. 하지만 화장실 티슈는 수용성이 너무 강해 딱딱해지기 때문에 회수할 때 주의할 것을 당부하고 있다. 플라스틱은 주로 플라스틱으로 포장된 제품의 각종 용기 및 포장재를 말한다. 유리에는 각종 유리 병, 깨진 유리, 거울, 램프, 보온병 등이 포함된다. 금속에는 원터치캔, 통조림캔 등이 포함된다. 섬유류에는 주로 폐기한 옷, 식탁보, 세수수건, 가방, 신발 등이 포함된다.

　　쓰레기 분리수거를 통해 재활용된 자원은 환경오염을 감소시키고 자원을 절약할 수 있게 만든다. 만약 1톤의 휴지가 회수된다면 좋은 종이를 850kg 만들 수 있고, 목재 300kg을 절감할 수 있으며, 오염 발생이 74% 감소된다. 1톤의 플라스틱 음료수 병을 재활용하면 2급 플라스틱 0.7톤을 얻을 수 있다. 1톤의 고철을 정제하면 좋은 강철 0.9톤의 광석을 제련하는 원가보다 47% 절감효과를 볼 수 있고 대기 오염을 75% 감소시키며, 수질과 폐기물 오염을 97% 줄일 수 있다.

음식물 쓰레기와, 뼈, 채소 뿌리, 채소에서 다듬고 못 먹는 것들, 과일껍질 등 식품류의 버리는 것들에 대해 바이오 생물 기술을 활용해 처리하면 톤당 0.3톤의 유기비료를 생산할 수 있다.

한편, 유해 쓰레기에 포함되는 것은 폐건전지, 쓸모없는 형광등, 폐수은온도계, 기간이 지난 의약품 등이다. 이들 유해 쓰레기에 대해서는 특별히 안전 처리가 필요하다. 피가 묻은 면봉, 바이러스가 포함된 메스 등 의료 폐기물은 특별하게 처리하고 있다.

중국 주요 도시의 쓰레기 시책

상하이(上海) 시의 생활쓰레기 처리량은 2013년의 경우 하루에 약 2만 톤으로, 상하이 핵심 구역 생활쓰레기의 톤당 처리 비용은 500위안에 근접했다고 한다. 이처럼 생활쓰레기 양이 증가하고 이에 따른 처리 비용도 계속 늘어나자 상하이뿐만 아니라 대부분의 대도시가 분리수거를 통한 쓰레기 감량화 작업에 돌입하면서 쓰레기 문제를 해소하려 노력하고 있다.

상하이 시는 '제12차 5개년 계획'의 '생활쓰레기 감량화 목표'를 통해, 2015년까지 1인 평균 생활쓰레기 처리량을 2010년에 비해 20% 감소시킬 계획이다. 상하이 시의 생활쓰레기 분류 장소는 이미 2,702곳의 주거구역을 포함해 5,051곳으로 늘어났으며, 2014년부터 상하이 시는 주거구역 쓰레기를 '건(乾)/습(濕)' 두 종류로 분류하도록 하였다. 또 상하이 시는 쓰레기 분류 장소를 300개의 기관, 1,000개의 학교,

100개의 공원과 300개의 야채시장으로 확대했다.

하지만 실제로 상하이에서 생활하는 시민들에게 쓰레기 분리수거는 그냥 구호에 그치고 있는 실정이라고 보는 게 맞을 것 같다. 일단 정부 당국이 분리수거에 대해 심하게 통제하고 있지 않다. 우리나라처럼 쓰레기를 버리는 규격 봉투가 있는 것도 아니고 봉투에 넣어서 버리지 않아도 무방하다. 아파트 단지 내에도 쓰레기 분리수거에 관한 안내문이 붙어 있기는 하지만 막상 아파트마다 비치되어 있는 쓰레기통은 이런 안내문이나 규정과는 거리가 멀다. 예컨대 안내문에는 쓰레기통이 4가지 색깔로 구분되어 있지만 실제로는 2가지 색깔의 쓰레기통만 비치되어 있다. 그래서 음식물 쓰레기를 제외한 재활용 쓰레기나 유해 쓰레기들이 일반 쓰레기통에 버려지는 실정이다. 그만큼 쓰레기 분리수거에 대한 시민들의 의식도 아직은 크게 미흡한 실정이다.

칭다오(靑島) 시는 2000년부터 시남구(市南區)를 시작으로 쓰레기 분리수거 정책을 시행했으며, 2014년 3월부터는 제4차 시범 지역을 대상으로 분리수거 정책을 실시하고 있다.

2014년 8월 12일 시남구(市南區)는 모든 건물에 2가지 종류의 쓰레기통을 배치했는데, 녹색 쓰레기통에는 '음식물 쓰레기', 회색 쓰레기통에는 '기타 쓰레기'라고 적혀 있다.

쓰레기 분리수거가 처음에 보급되기 시작했을 때 많은 주민은 당연히 귀찮아했다. 때문에 분리수거 사무실에서는 쓰레기 분리수거를 거부하는 사람들에게 직접 쓰레기봉투를 제공해 주었다고 한다. 시남구 주민사무소 직원들은 주민들의 이해와 지지를 얻기 위해 거의 1주일

동안 집집마다 돌아다니며 분리수거를 잘할 수 있도록 도와주었고, 분리수거가 정부의 정책과 어떤 연관이 있는지 설명을 해 주기도 했다고 한다.

시남구는 또한 매 분기마다 모든 가정에 음식물 쓰레기 분리수거 용도로 150개의 초록색 쓰레기봉투를, 기타 쓰레기 용도로 50개의 회색 쓰레기봉투를 주는 시책을 펼쳤다. 아울러 쓰레기 분리수거 사무실 직원들은 정기적으로 날짜를 정해 분리수거 효과를 검사하였다. 오늘날 시남구 주민들은 쓰레기 분리수거가 이미 습관화됐고 제도가 잘 정착됐다고 평가하고 있다고 한다. 비록 시남구는 아직까지 100%의 쓰레기 분리수거율을 달성하진 못했지만 대부분의 주민이 의식을 갖고 환경 보전을 위해 노력하고 있기 때문에 전망이 밝다는 자평이다.

칭다오 시는 시남구에 생활쓰레기 분류 교류 플랫폼을 만들었다. 또한 2013년 3월에는 모든 동사무소에 1~2명의 분리수거 담당 인원을 배치하기 위해, 대학 이상의 학력을 갖춘 20명의 쓰레기 분류 지노 감독자를 모집하기도 했다. 동시에 생활쓰레기 분류 지도 지원자 679명을 선발해 현장에서 책임지고 주민들에게 홍보 및 지도를 하도록 하고 있다. 시남구는 2015년에 전 행정구역의 10개 주민사무소로 분리수거를 확대하고, 회수율을 70% 이상으로 끌어올린다는 계획이다.

항저우(杭州) 시는 '도시 생활쓰레기 3화(化)4분(分) 프로젝트 실시를 위한 의견 수렴안'을 2014년에 발표했다. 이 의견에 따라 항저우 시는 2014년부터 생활쓰레기 종량제를 실시하고 있으며, 종량제 목표는 매년 시에서 설정한다. '3화(化)4분(分)'이란 감량화, 자원화, 무공해화의 3가지 화(化)와 분리배출, 분리수거, 분리사용, 분리처리의 4가지 분(分)을 말한다.

항저우 시는 쓰레기를 줄이기 위해 노력하고 있다. 그 일환으로 2015년부터 쓰레기 처리비용을 단계적으로 적용하고 있다. 생활쓰레기 감량 목표를 설정한 후 이를 달성한 지역에는 장려금을 지원하고 그렇지 못한 지역에는 더 많은 처리비용을 부과하겠다는 것이다. 예컨대 각 지역의 쓰레기 배출량이 관리 목표의 2%를 초과하면 초과분의 쓰레기 처리비용을 계산치의 1.5배로 징수하며, 4%를 초과하면 2배로 징수하는 식이다. 생활쓰레기 분리 상황에 따른 요금 징수 정책의 의미는 많이 버릴수록 부담해야 할 비용이 점점 많아진다는 것이다.

중국의 중고 가전제품 시장 현황

중국의 중고 가전제품은 대부분 민간 개인 사업자들에 의해 수거, 수리, 판매되는 유통 형태를 보이고 있다. 중국인들은 일반적으로 아껴 쓰는 근검 절약이 몸에 배어 있는 편이어서 일반 소비자들이 전자제품을 버릴 때에는 조금이라고 금액을 받기 위해 자기 주거지역 근처에서 전자제품을 수거하는 개인업자들에게 전화를 건다. 또 인터넷이 발달하면서 온라인상에서 중고품 거래가 매우 활발한 편이다. 실제로 중국의 인터넷 사이트를 검색하면 우리나라의 중고나라와 같은 수많은 중고품 매매 사이트를 발견할 수 있다. 다만 앞에서 이야기했듯이 중고 가전제품의 유통 과정에서 폭발 사고가 발생하는 등 위험성이 노출되면서 정부가 개입하려는 단계에 와 있다고 설명할 수 있겠다.

중국 베이징 시 한 아파트 단지 앞에 세워져 있는 가전가구 제품 회수 차량

이런 흐름 속에 중국 상무부는 최근 '중고 가전제품 경영관리 방법(의견 수렴안)'을 발표하였다. 이에 따르면 중고 가전제품의 거래를 하게 되면 반드시 자료를 등기해야 하며 그것도 실명으로 해야 한다고 엄격하게 규정하는 것으로 알려졌다. 이러한 규정이 발표된 것은 최근에 중고 가전제품 거래에 따른 소비 분쟁이 빈번하게 발생하고 있기 때문이다.

이 의견 수렴안은 중고 전기, 전자제품의 유통을 담당하는 사업자는 반드시 해당 제품 거래에 대한 자료를 작성해야 하며, 매수할 때에는 반드시 실명제로 등기해야 한다고 규정하고 있다. 이는 2011년 6월 이후 두 번째로 실시된 공개 의견 수렴안으로, 첫 번째 수렴안과 비교할 때 처벌 금액이 200~500위안에서 5,000~1만 위안으로 높아졌다.

중국에서는 현재 가전제품의 폐기 처분량이 급속하게 증가하고 있는데, 향후에는 가전제품의 교체 수요가 늘어남에 따라 그 수량이 더욱 방대해질 것으로 보인다. 국가발전개혁위원회의 통계자료에 따르면 매년 폐기 처분되는 가전제품의 수량은 12.5 계획 기간 동안 연평균 20%의 속도로 증가하여 2015년에는 연간 1억 6,000만 대에 달할 것으로 예상되고 있다. 또한 중고 가전제품의 거래시장은 빠른 속도로 온라인으로 이전하고 있으며, 따라서 중고 가전제품의 거래에 대한 관리도 더욱 어려워지고 있는 실정이다.

현재 중고 가전제품을 거래하는 데에 3가지 주요 문제는 첫째, 회수 채널이 분명하지 않고, 둘째 안전 문제가 빈번하게 발생하고 있으며, 셋째 애프터서비스(A/S)가 원활하지 않다는 것이다.

이번에 발표된 의견 수렴안은 실명제 등의 수단을 통해 중고 가전제품의 거래를 효과적으로 관리하고 소비자들의 이익을 보호할 수 있도록 하기 위한 조치로 풀이된다. 그러나 이 의견 수렴안의 경우, 중고 가전제품 거래 관리를 위한 법률적 기반은 마련하였지만 가전제품 멤모 기석과 품질의 격차가 그므로 너욱 구체적인 후속 조치의 제정이 필요할 것으로 보인다. 특히 중고 가전제품의 회수체계를 개선하는 것이 중요하다는 평가다. 또한 중국 정부가 이른 시일 내에 산업 기준을 제정하여 중고 가전제품의 유통과 서비스 내용을 확정하고, 중고 가전제품의 데이터베이스를 수립하여 정보의 공개와 투명화를 도모함으로써 소비자들을 안심시켜야 할 것이라는 중론이다.

중국의 재활용 시장 기회를 활용하자

우리가 중국의 재활용 시장에 진출하거나 한중간에 협력할 수 있는 방안으로는 몇 가지가 있을 수 있겠지만 나는 크게 두 가지로 요약하고 싶다. 하나는 우리의 재활용(재사용)센터 운영 경험과 노하우를 중국과 나누는 것이고, 다른 하나는 리사이클과 재제조 산업 분야에서 협력하는 것이다. 중국순환경제협회 방문을 통해 확인된 기술, 시장, 관리 프로세스의 3가지 측면에서의 교류 협력이 가능할 것이라고 나는 보는 것이다.

2015년까지 이어지는 중국 정부의 '환경보호 제12차 5개년 계획'에는 자원회수 시스템의 정비와 같은 자원순환 시스템 발전을 촉진하는 방안이 포함되어 있다. 환경 문제 해결을 국가적 사업으로 꼽을 정도로 친환경을 중요시하고 있는 중국 정부에게 재활용 산업을 발전시키는 것은 친환경 사업의 일환으로서 매우 중요한 것이다.

중국이 특히 재활용을 강조하는 이유는 급속한 경제성장으로 인해 가전제품이나 자동차와 같은 내구 소비재 보급이 빠른 속도로 진행됨으로써 앞으로 제품의 교체와 더불어 폐기량이 급증할 것으로 예상되기 때문이다. 2014년 말 중국의 자동차 보유대수는 1억 5400만 대에 달했고, 도시 거주민의 자동차 보유대수는 1세대당 1대 수준이다.

게다가 중국은 아직도 많은 자원을 수입에 의존해야 하는 상황이다. 따라서 재활용 산업의 효율성을 증진시키는 것은 매우 중요하다. 해외환경통합정보시스템에 따르면 중국은 세계 최대 플라스틱 폐기물 수입국으로, 2013년에 총 2,490만 톤의 재활용 플라스틱 중 약 30%인 790만 톤을 수입했다. 또한 약 1,400만 톤의 플라스틱 폐기물은 재활용되지 못하고 있는 것으로 나타났다.

중국에서는 가전제품 제조업자와 수입업자가 폐가전제품의 처리 비용을 부담하며, 재활용 사업자는 폐기물을 유료로 구입해야 한다. 폐기물 처리업자의 수는 많지만 기계를 통한 처리공정 자동화 수준은 미비하다. 흘러넘치는 인력을 활용해 폐기물을 해체하는 업자가 많고, 그러다 보니 주변 환경을 오염시킬 우려가 있는 데에다가 작업자 안전도 보장되지 못하고 있는 실정이다.

KOTRA에 따르면 중국의 쓰레기 처리 산업은 현재 소각을 중심으로 운영되고 있는 실정이다. 하지만 앞으로는 분리수거 정책을 통해 분리수거 회수율이 늘어날 것이므로 이에 따른 쓰레기 처리 산업의 발전에 주목할 필요가 있다고 한다. 중국의 쓰레기 분리수거 환경은 아직 미약하지만, 앞으로 당국의 적극적인 지원과 시민의식 개선으로 나아질 것이라는 전망이다. 앞에서 보았듯이 중국에서는 이미 정부 및 지자체 차원의 분리수거 의식 증진 사업이 진행되고 있다. 쓰레기 분리수거가 정착될수록 자원재활용 기술이나 쓰레기 처리 산업의 발전 전망은 밝다. 따라서 이런 분야에서 중국 기업과 협력할 수 있는 방안을 모색해야 한다.

한편, 중국의 재사용 시장(중고품 매매 시장)이 어느 수준에 와 있는지는 정확하게 알 수 없다. 앞에서도 잠깐 언급했듯이 온라인상에서 중고거래는 비교적 활발하지만, 우리가 재활용센터를 설립해 이러한 중고품들을 회수하고 수리하여 재사용했던 것과 같은 방식은 중국에 아직 없는 것 같다. 다만 중국순환경제협회에서 만난 '쓰레기 대왕'의 설명에 따르면 이제 막 정부가 개입하여 우리의 재활용센터와 같은 기구를 만들어 나가려고 하는 것 같다. 그렇다면 우리의 경험과 노하우를 토대로 중국의 재활용 사업에 진출할 수 있는 기회가 많이 있다고 생각한다. 물론 중국에 독자적으로 진출하기보다는 현지 기업과 합자 형태로 진출하는 것이 좋을 것이다. 그리고 나는 사실 중국 정부에게 나의 경험과 노하우를 무상으로 제공해 줄 의향도 있다.

제 2 장

다시 점검해 보는
재활용 사업

 천정곤의 지구를 살리는 자원순환 이야기

시대정신으로서의 재활용

사람이 사는 곳에 쓰레기가 없는 곳은 없다. 가게에서 물건을 사거나 온라인으로 주문한 상품이 집으로 오는 순간, 우리는 쓰레기 발생의 주체가 된다. 과자 봉지와 같은 포장재는 물론, 우유를 담는 종이팩이나 각종 캔, 유리로 만들어진 여러 종류의 주류와 음료수 병에 이르기까지 여러 형태의 쓰레기가 생긴다. 직장 사무실이나 대형 건물들에서도 쓰레기는 쏟아져 나온다. 우리는 이러한 쓰레기 중 일부는 종량제 봉투에 담아 버리고, 음식물은 음식물 쓰레기봉투에, 분리 배출이 표시된 것은 별도로 분리해서 버린다. TV, 냉장고, 세탁기와 같은 가전제품이나 가구류 등은 대형 쓰레기로 따로 분류해서 버린다. 이들 쓰레기는 각각의 재질에 따라 새롭게 재활용되거나 소각 또는 매립의 운명을 걷게 된다.

만약 이러한 쓰레기들이 분리 배출되지 않거나 그대로 버려져 방치된다면, 그리고 재활용되지 않는다면 우리 지구는 엄청난 환경 재앙에 직면하게 될 것이다. 또 재활용되는 쓰레기보다 매립되는 쓰레기가 많으면 우리의 땅은 몸살을 앓을 것이 분명하다. 최근에 합의를 보기는 했지만 수도권 매립지를 둘러싸고 서울과 인천, 경기도 사이의 갈등이 오랫동안 지속되어 온 것도 쓰레기 처리 문제의 심각성의 한 단면을 보여준다. 그래서 세계 각국은 환경을 보호하고 지구를 살리며 지속 가능한 발전을 실현하기 위해 각자 자기 나라 실정에 맞는 다양한 쓰레기 처리 시스템을 갖추고 있다.

김재영과 유기영이 쓴 〈재활용 도시〉(도서출판 한울, 2013년)라는 책에 따르면, 유럽연합(EU)은 2008년 회원국들을 대상으로 '모든 환경오염물질을 관리하는 정책을 결정함에 있어 다음과 같은 다섯 가지 정책적 우선순위를 고려하라'고 권장했다고 한다.

첫째는 원천 감량(Prevention): 재료, 원료, 제품이 폐기물이 되는 것을 원천적으로 예방하는 것

둘째는 재사용(Reuse): 재료, 원료, 제품을 다시 사용하는 것

셋째는 원료회수(Recycling): 폐기물로부터 재료와 원료를 회수해 여타의 용도로 활용하는 것

넷째는 기타 회수(Other recovery): 폐기물로부터 에너지 등을 회수하는 것

다섯째 처분(Disposal): 폐기물을 안전한 상태로 바꾸거나 격리시키는 것

그런데 실제로 세계 모든 나라의 폐기물 관리체계는 유럽연합이 권고한 다섯 가지 고려사항을 대부분 담고 있다고 한다. 다만 각국

의 관리체계는 지리, 정치, 경제적인 상황에 따라 중점을 두는 부분이 달라 서로 다르게 보일 뿐이라는 것이다. 예컨대 일본은 독보적인 소각 중심의 관리체계를 유지하고 있고, 땅덩어리가 넓은 미국은 매립을 선호한다고 한다. 그런가 하면 독일은 가장 널리 알려진 재활용 선도국가이다. 우리나라는 매립이나 소각 중심에서 이제는 자원순환이라는 정책 목표를 내걸 정도로 재활용(재사용, 원료 회수 등을 포함) 중심으로 정책 목표를 이동하고 있는 중이다. 우리나라의 경우, 땅도 좁은 데에다 자원을 수입해야 하는 자원 부족 국가이므로 가능한 한 자원을 아껴 쓰고 다시 활용해야 하기 때문이다.

나는 약 20년 전, 우리가 내다버리는 물건들을 보면서 조금만 손질하면 얼마든지 더 사용할 수 있는데 그냥 버려지는 물건이 많다는 것을 깨닫고 재활용 사업을 시작했다. 당시 내가 재활용센터에 관한 아이디어를 내고 이를 실천에 옮기기는 했지만, 그 당시 쓰레기의 재활용에 관한 생각을 가졌던 사람들은 많았을 것이다. 동시대의 많은 사람이 비슷한 생각을 가지고 있을 때 우리는 그것을 일반적으로 '시대정신'이라는 개념으로 표현한다고 한다. 그런 의미에서 당시 쓰레기를 이대로 내버려두면 안 된다는 생각을 가졌던 사람들은 동일한 시대정신을 가졌던 것이라고 할 수 있다. 다만 그러한 정신을 누군가는 행동으로 표출하고 실천으로 옮기는 반면, 어떤 사람들은 그냥 생각에 머무르고 마는 차이점이 있다. 나는 단지 그런 생각과 시대정신을 실천으로 옮겼던 사람인 것이다.

내가 〈대형 폐기물의 효율적 처리방안〉이라는 제목으로 제안서를 만들어 울산시청과 환경부장관에게 제출한 것이 1992년 10월 초의 일이다. 이 제안서에서 나는 폐가전, 가구 제품의 무단방치가 자연환경을 파괴시키는 주범이라는 것을 구체적으로 밝힌 다음, 버려지고 있는 가전과 가구 제품 가운데 90퍼센트 정도는 재활용(재사용)할 수 있다고 주장했다. 그리고 국가 차원에서 대형 중고 가전, 가구 제품들을 수거하여 재활용센터를 운영하면 환경보호와 근검절약 정신 고취는 물론이고 새로 탄생한 중고 가전, 가구 제품을 후진국 등에 싼값에 수출할 수 있는 1석 3조의 효과가 있다고 설명했다. 그런데 공교롭게도 〈자원의 절약과 재활용 촉진에 관한 법률〉이 제정된 것이 바로 같은 해인 1992년 12월이다. 나는 이러한 법률이 제정되는 과정에 있는 줄도 모르고 나의 재활용 사업을 시작했지만, 쓰레기 문제의 심각성과 재활용의 필요성을 모두 공감하고 있었다는 점에서 그것은 그 당시의 〈시대정신〉이었음에 분명하다.

재활용 사업의 경제적 효과

내가 처음 아이디어를 내고 시작한 재활용 사업이 우리 사회에 가져다 준 파장은 실로 대단했다고 나는 자부할 수 있다. 남들이 무심코 그냥 버린 쓰레기를 남들과 조금 다르게 바라보았던 나의 작은 생각이 이루어낸 성과는 나 개인 차원뿐만 아니라 국가경제 차원에서도 실로 엄청났다고 할 만하다. 개인적으로는 나름 돈을 벌었다고 할 수 있고, 사회적으로는 환경의 중요성에 대한 인식 수준을 높이는 데 기여했으며, 국가적으로는 자원 순환의 기반을 다지는 데 이바지했다고 할 수 있을 것이다. 경제적 효과만 봐도 그 의미는 크다.

우선 오프라인 상에서의 변화를 한번 살펴보자. 현재 전국의 재활용센터(중고품 매매업체)는 1만 개가 넘을 것으로 나는 추산하고 있다. 여기서 재활용센터라 함은 가전제품이나 가구 등 우리의 생활상에서 발생하는 헌 물건들을 다시 수리해서 재사용할 수 있도록 만들고 유통시키는 공간을 뜻한다. 재활용과 관련된 용어들은 자주 혼용되고 있어서 한번 정리해 둘 필요가 있는데 여기에 대해서는 2장에서 이야기하겠다. 아무튼 엄밀한 의미에서 내가 말하는 재활용센터는 〈재사용센터〉라고 하는 게 더 적절하다. 이른바 신제품과 대비되는 개념에서 중고제품이 여기에서 탄생된다고 볼 수 있다. 그 공간의 이름이 꼭 재활용센터일 필요는 없다. 실제로는 알뜰매장, 중고백화점, 리사이클 등 다양한 이름들이 사업장 명칭으로 사용되고 있다.

한편, 이곳은 일정한 공간과 인원이 필요하고, 수익과 비용이 발생하며, 이익을 목적으로 사업을 영위하는 곳이다. 따라서 기부나 기증 물품을 다루는 곳(이를테면 아름다운 가게)과는 구분할 필요가 있다. 재활용센터는 쓰다가 버리는 물건을 기본적으로 돈을 주고 사오기 때문이다. 아울러 고철이나 폐플라스틱 등 산업용 쓰레기나 폐기물을 취급하는 곳과도 구분해서 사용되는 개념이라는 점을 밝혀두어야겠다. 물론 이것은 개념을 구분하기 위해서 하는 말일 뿐, 이 모든 곳은 환경을 보호하고 자원을 아껴 쓰기 위한 자원 순환이라는 큰 틀 속에서 각자의 역할을 하고 있다.

아무튼 나는 전국적으로 1만 개가 넘는 재활용센터가 있을 것으로 추산하고 있다. 물론 이 수치는 정부가 집계하는 재활용센터에 관한 공식 통계와는 많은 차이가 있다. 환경부가 조사하여 발표한 자료에 따르면, 2012년 7월 말 현재 전국 재활용센터 개수는 1000개가 안 되는 것으로 집계되어 있다.

재활용센터 설치 운영 시 도별 총괄 (2012.7월 말 기준)

시·도	인구수(만 명)	설치의무수(개소)	운영(지정) 방식				민간
			합계	직영	위탁	민간지정	
총계	5,024	382	117	25	61	31	708
서울특별시	1,011	60	24	–	18	6	45
부산광역시	350	26	4	–	4	–	111
대구광역시	221	15	2	1	1	0	64
인천광역시	274	20	7	1	1	5	118
광주광역시	145	8	3	1	1	1	–
대전광역시	152	11	2	1	1	–	30
울산광역시	112	7	4	–	–	3	43
경기도	1,204	74	17	4	12	1	104
강원도	188	22	10	1	4	5	5
충청북도	161	16	10	3	6	1	13
충청남도	198	18	7	5	2	–	–
전라북도	182	19	5	3	2	–	11
전라남도	181	25	5	1	2	2	11
경상북도	264	29	9	3	3	3	8
경상남도	324	28	8	–	4	4	8
제주특별자치도	57	4	–	–	–	–	–

그러나 이것은 정부가 조사한 재활용센터의 범주가 내가 말하는 범주보다 좁은 것이어서 생기는 차이이다. 즉, 정부 통계는 '자원의 절약과 재활용 촉진에 관한 법률'에 따라 지방자치단체가 자체적으로 운영하거나 민간에 위탁 운영하는 재활용센터 등 지자체의 허가를 받은 숫자만을 집계한 것이다. 하지만 지자체 허가를 받지 않고 단지 사업자 등록만 하고 재활용(중고품 매매) 사업을 하고 있는 민간업체 숫자가 훨씬 많다. 아무튼 전국에 재활용센터(중고품 매매업체)가 1만 개 있다고 가정하고 그에 따른 경제사회적 파급효과는 어떠했을지 한

번 생각해 보자.

우선 일자리 창출 효과를 추산해 보기로 하자. 1개의 재활용센터에서 일하는 사람은 평균 3명 정도라고 가정할 수 있다. 물건을 수거해오는 사람, 수리하는 사람, 관리하거나 판매하는 사람 등 3명은 기본적으로 필요하기 때문이다. 물론 재활용센터의 크기에 따라 필요 인원수는 달라질 수 있겠지만 평균적으로 봤을 때 최소한 그 인원은 필요할 것이라는 이야기다. 그렇게 본다면 재활용센터로 인해 전국적으로 무려 3만 명 이상의 일자리가 창출되었다고 생각할 수 있다. 물품의 재활용 방법 가운데 가장 많은 인력을 필요로 하는 것이 재사용이라고 한다. 특히 컴퓨터의 경우 연간 1,000톤을 재사용하기 위해 필요한 일자리는 30명 수준이라고 한다. 컴퓨터를 수거하고, 부품을 교체하며, 이를 세척하고 설치하는 데 많은 인력이 필요하기 때문이다. 가전제품이나 전자제품을 재사용하는 데에도 6명 정도가 필요하다고 한다. 반면 소각이나 매립과 같은 쓰레기 처리 방법은 비교적 과정이 단순하기 때문에 상대적으로 많은 인력이 필요하지 않다

요즈음 정부 정책의 주된 목표 가운데 하나가 일자리 창출이라는 점을 감안해 보면, 재활용센터(중고품 매매 사업장)는 그 동안 국가경제에 크게 이바지해온 셈이 되는 것이다. 쓰레기를 남들과 다르게 바라보았던 나의 작은 생각이 이렇게 많은 일자리를 창출해 낼 것이라고는 처음에는 상상도 하지 못했다. 그러나 실제로는 수많은 일자리를 만들어냈으며 결과적으로 국가경제에 크게 이바지한 셈이다.

재활용센터를 통해 발생하는 매출액 규모도 엄청나다. 통상 1개의 재활용센터가 손익분기점으로 생각하는 월평균 매출액을 1천만 원이

라고 가정하면, 1개의 재활용센터에서 1년 동안 발생하는 매출액은 1억 2천만 원이고, 이것을 전국의 1만 개에 적용하면 1조 2천억 원이 된다. 이에 따라 국가에 세금으로 납부한 금액도 상당할 것이다.

　이처럼 재활용(재사용)센터, 혹은 중고품 매매 시장이 우리 사회에 미친 경제적 효과가 매우 큼에도 불구하고 이에 관한 학술적 혹은 전문적인 분석과 연구가 그렇게 많지 않다는 것은 아쉬운 일이다. 이 분야에 관한 통계도 구하기 어려운 실정이다. 또 중고품 재사용에 대한 정책적 관심이나 지원이 없는 것도 안타까운 일이다.

재활용 인식 확산에 기여

재활용센터의 경제적 파급효과도 상당했지만, 재활용이 환경을 보호하고 지구를 살리는 역할도 한다는 사회적 인식을 확산시키는 데에도 큰 기여를 했다고 나는 자부한다. 중고품을 사서 쓰는 사람 입장에서는 돈을 아끼려고 재활용센터를 찾았을 것이고, 재활용센터(중고품 매매 사업장)를 운영하는 사람은 1차적으로 돈을 벌기 위해 그러했겠지만, 그 과정에서 중고품을 사용하는 것이 왜, 어떻게 환경을 보호하는 일인지 깨닫게 되는 것이다. 그러한 사회적 인식 확대가 최근 열린 한 지자체의 국제 행사에도 재활용을 적극 적용하도록 긍정적 영향을 끼쳤으리라고 믿기 때문이다. 2015년 7월 16일자 한국경제신문에는 다음과 같은 기사가 실렸다.

"저비용·고효율 대회로 치러진 광주하계유니버시아드(광주U대회 2015년

7월 3~14일)가 지방자치단체가 개최하는 국제행사의 새로운 롤모델이 됐다는 평가를 받고 있다. 15일 광주광역시와 대회조직위원회에 따르면 '자린고비식'알뜰 대회 운영으로 역대 대형 국제대회 사상 가장 적은 비용을 투입하고서도 내용은 알찬 실속대회를 치렀다고 평가했다. (중략) 광주시가 대회를 준비하면서 가장 신경 쓴 부분은 '저비용'이다. 조직위는 경기장 신축은 3곳(수영장, 양궁장, 다목적체육관)으로 최소화하고 증축한 테니스장을 포함해 나머지 66개 시설은 개·보수해 기존 시설 사용률을 95.7%로 높였다. 선수촌도 37년 된 낡은 아파트를 재건축해 재정 부담을 크게 줄였다. 신축 경기장은 태양열 지열 등을 활용하는 친환경 시스템으로 설계하는 등 사후 관리비용 최소화에 역점을 뒀다. (중략) 화려하면서도 광주의 이미지를 잘 담아냈다는 평가를 받은 개·폐회식은 2013년 러시아 카잔U대회 때 비용 1200억 원의 10%도 안 되는 113억 원으로 연출했다. 시상대 153개와 메달받침대 67개는 인천 아시안게임 조직위에서 가져와 재활용했다. 시상식에도 꽃다발 대신 대회 마스코트 인형을 증정해 8억 원을 절감했다."

이 기사는 이러한 재활용 등을 통해 총 1999억 원의 예산을 아꼈다고 전하고 있다. 당초 책정 예산은 8171억 원인데 이번 대회는 국비 2026억 원, 시비 3491억 원, 광고와 입장권 판매 등 자체 수입 655억 원 등 모두 6172억 원만 써 국제 대형 스포츠행사 중 첫 예산절감 사례로 남게 됐다는 것이다.

중앙정부나 지방자치단체가 국민 세금을 낭비하지 않으면서도 제대로 된 행정을 펼치려고 노력하는 것은 좋은 일이다. 아무튼 광주시가 시상대와 메달받침대 등을 재활용하겠다는 발상을 하고 이를 실천한 것은 사회 전반적인 재활용 의식과 환경보호 의식이 뒷받침되어 있지 않으면 어려운 일이라고 생각한다.

정부와 지방자치단체는 물론이고 각급 학교나 환경 관련 단체 등에서 실시하는 재사용과 재활용에 관한 교육이나 행사 등이 눈에 많이 띄는 것도 재활용이 환경에 중요하다는 인식이 확산되었기 때문일 것이다. 물건을 아껴 쓰고 다시 쓰는 습관을 키우기 위해서는 어릴 때부터의 교육이 매우 중요하기 때문에 이러한 노력은 계속되어야 한다.

재활용은 〈자원순환〉이라는 상위 개념의 환경보전 노력의 일부분에 불과하다. 하지만 재활용 운동과 사업이 우리 사회 전체의 환경보전 노력을 확산시키는 데 기여한 것은 분명하다. 그럼에도 불구하고 자원순환이나 재활용에 대한 의식 수준을 좀 더 높이려는 노력은 앞으로도 계속될 필요가 있다고 생각한다.

재활용 사업의 온라인화

 지난 20여 년간 오프라인 상에서 재활용센터가 번성하는 가운데 인터넷이 빠르게 확산되자 온라인 측면에서도 재활용 사업이 새로운 비전으로 각광받게 된 것은 당연한 일이다.
 인터넷 포털 검색 창에 '재활용센터'라고 입력하여 검색해 보면 수십 건의 재활용센터 관련 광고 사이트가 뜨고, 여기에 링크할 수 있도록 되어 있다. 재활용센터가 아니라 '중고'라는 다른 검색어로 검색하면 또 다른 사이트들이 나타난다.
 이러한 사이트 중에는 개별 재활용센터가 자체 홈페이지로 운영하는 곳이 있는가 하면, 몇몇 재활용센터가 연합하여 공동으로 운영하는 사이트도 있다. 이 가운데 몇 가지를 살펴보면 후자에 속하는 것으로 '중고 가구가전 재활용센터(www.zungo.co.kr)'가 있다. 이 사이트는 서울의 북부, 남부, 중부 지역 재활용센터 18개가 공동으로 관리하고 있으며, 이들 재활용센터는 모두 각 구청과 위탁운영계약을 체결하고 있다. 특히 이들 재활용센터는 각자가 보유하고 있는 중고 재활용 물품들의 정보를 상호 공유하면서 유기적인 협조를 하고 있다.

이들 재활용센터는 최소한 수십 평 이상의 공간을 확보하고, 중고 가전과 가구류와 같은 대형 물품을 주로 취급하고 있으며, 업소용 주방용품 등을 다루기도 한다.

이와 유사한 사이트로 재활용센터 중고타운(www.t-recycle.co.kr)을 들 수 있다. 이곳에서는 강남구, 금천-관악구, 도봉구, 서대문구, 서초구, 성남시, 양천구, 동대문구, 안양시, 오산시, 고양시, 은평구 등 12개 재활용센터가 연합하여 각 구별 재활용 사이트를 통합 관리하고 있다.

온라인과 오프라인 두 측면 모두에서 주목할 만한 재활용 업체로는 ㈜리마켓이 있다. 이 회사는 중고 사무가구, 가정용 가구, 가전, 컴퓨터 등의 제품 매입과 판매는 물론, 각종 지역 축제 및 기념식, 체육대회 등에 필요한 용품을 저렴한 가격으로 렌탈해 주는 기업이다. 이 업체의 모회사인 ㈜한국리싸이클링은 정부에서 사용하다가 더 이상 사용되지 않는 중고 사무집기를 10여 년 동안 독점적으로 처리해 온 업체이다. 일시적인 사무실이나 건설 현장이 철수되면 버려지고 파손되기 쉬운 집기 등을 렌탈해 주는 업체로서, 나름 이 분야에서 경쟁력을 가지고 있다. 이 회사는 '리마켓(Remarket)'이라는 회사명에 대해 Rental, Recycle, Reuse, Refresh의 'Re'와 'market'의 합성어라고 설명하고 있다.

중고 물품의 거래와 관련하여 주목할 만한 최근의 사이트로는 〈중고천하(www.recycall.co.kr))를 들 수 있다. 이 사이트는 스스로를 이렇게 소개하고 있다.

"우리는 인터넷과 모바일로 대변되는 정보화 시대를 살고 있다. 그러나 우리가 실생활에서 필요한 정보는 개인과 기업의 사적 욕망으로 왜곡되고 과포장되어 정보의 홍수 속에 살면서도 정작 제대로 된 정보는 얻기 힘든 것이 현실이다. 중고 재활용품 거래 시장의 현실도 이와 크게 다르지 않다. 소품 위주로 거래되는 직거래 시장은 정보의 왜곡으로 사기와 무책임이 난무하고 있고, 중대형 제품을 취급하는 중고 재활용 매장은 마케팅 부재로 더욱 많은 고객과 소통하지 못하여 소규모 지역 매장에 머물고 있는 것이 현실이다. 당사는 마케팅 부재로 고객과의 소통에서 소외되어 있는 건실하고 신용 있는 중고 재활용 업체를 발굴, 육성하여 업체의 발전을 견인하고, 소비자에게는 신속하고 신뢰할 수 있는 재활용품 정보를 제공하여 업체와 고객을 손쉽게 연결하는 마케팅 시스템을 구축함으로써 자원재활용의 효율성을 높여 환경과 경제가 공존하는 지속 가능한 자원재순환사회 구축에 일익을 담당하는 기업으로 거듭나고자 한다. 주민과 중고 재활용 업체, 정부와 지자체가 유기적으로 소통하는 재활용품 정보 네트워크를 구축하여 자원과 환경보존, 지역경제 활성화, 주민 편익 제공에 최선을 다해 노력하겠다."

말하자면 이 사이트는 자체가 재활용품을 취급하지는 않지만, 이른바 중고품의 거래를 중개하는 포털로서의 역할을 하겠다는 것이다. 자칭 국내 최초이자 최고의 중고품 거래 포털을 지향한다는 것이다. 이 사이트가 전국의 중고품 판매 매입 업체를 쉽고 빠르게 검색할 수 있도록 도와주는 서비스를 통해 스스로 공언한 대로 중고품 포털 역할을 제대로 해 나가기를 기대해 본다.

재활용이라는 관점보다 중고품 매매라는 측면에서 보면, 온라인상에서 우리나라 최대의 중고거래 플랫폼으로 손꼽히는 곳은 네이버의 중고나라 카페라고 할 수 있을 것이다. 국내 최대의 회원 수를 보유하고 있고, 이 카페에는 시시각각 새로운 중고 제품들이 등록되고 거래되고 있다. 다만 이곳은 개인 간의 거래를 중개해 주는 플랫폼 역할만 할 뿐 직접 중고품의 매매를 담당하지는 않고 있다.

아무튼 이와 같이 중고품 거래와 관련한 다양한 온라인 서비스가 실시되고 있고 또 모색되고 있다는 사실은 그만큼 중고품 시장이 활성화되고 있다는 측면을 잘 보여주는 것이다. 어떤 이는 온라인 중고품 시장 규모를 약 10조 원으로 추정하기도 한다. 온라인과 오프라인을 합하면 그 규모는 18조 원에 달한다는 분석도 있다. 물론 재활용 시장은 지금 새로운 전기를 맞고 있다. 이 사업을 현재 영위하고 있는 분들은 초창기 사업만큼 많은 돈을 벌고 있지 못한 것이 사실이다. 여러 가지 여건이 변했기 때문이다.

전환기에 놓인 재활용 사업

지역마다 사정이 다르긴 하지만 부산에서 재활용센터를 운영하고 있는 전훈희 씨는 재활용 사업의 미래를 그렇게 밝게 보지 않는다고 말한다. 과거에는 하루에 매장을 찾아오는 고객이 100명이었다면 지금은 30명 수준으로 줄었다는 것이다. 사실 전훈희 씨는 지난번 나의 책 〈쓰레기 더미에서 황금알을 캐는 사나이〉에서도 언급했듯이 내가 매우 능력을 높이 인정하는 사람 중의 하나이다. 천성적으로 부지런하고 적극적인 데에다 하나를 알면 서너 가지를 응용해서 진행할 줄 아는 사람이기 때문이다. 특히 그는 손님이 알고 싶어 하는 정보를 알차게 제공함으로써 구매의 기회를 넓혀 주고, 기왕에 산 물건을 더 효과적으로 잘 사용할 수 있는 방법을 알려주는 방식 등으로 손님들에게 물건을 정말 잘 파는 사람이었다. 그런데 그가 재활용 사업의 전망을 기상 예보에 비유하여 말한다면 '맑지 않음'이라고 말하고 있는 것이다. 전훈희 씨의 설명에 따르면 이렇다.

우선 그가 보기에 요즘 젊은 신세대들은 중고품을 그다지 선호하지 않는다. 굳이 중고품을 사서 쓸 필요가 없다고 생각한다는 것이다. 10~20년 전에 비해 저가형 신제품이 많이 쏟아져 나오고 있는 데에다 그냥 인터넷으로 제품을 찾다가 가격이 저렴하고 마음에 들면 그것을 구매해 버린다는 것이다. 게다가 지금의 50대 이상은 알뜰살뜰했지만 지금 젊은 세대는 절약이라든가 검소 정신이 위 세대에 비해 많이 약해진 것 같다고 생각한다.

기술 혁신 속도가 너무 빨라 하루가 멀다 하고 신제품들이 쏟아져 나오는 것도 재활용 시장에 큰 변화를 주고 있다고 그는 말한다. 과거 재활용센터의 꽃은 TV, 세탁기, 냉장고, 비디오 등이었다. 하지만 기술의 변화가 너무 빠르다 보니, 구 모델 제품의 쓸모가 점점 빠르게 없어졌다. 아울러 10~20년 전에 비해 저가형 제품이 많아지고 신제품의 단가가 낮아지다 보니, 과거 신제품 가격이 비쌀 때에는 중고품을 찾는 경우도 있었지만 이제는 중고품의 가격 매력이 전보다 못하다는 것이다. 또 예컨대 중고 TV를 수리할 때에도, 새로운 기술에 따라 신제품이 나오면 중고품의 관련 부품도 구하기 힘들어져 그 부품을 구하려면 배보다 배꼽이 더 큰 경우도 생긴다는 것이다

그러면서 그는 자신도 재활용센터 사업은 그대로 유지하고 있지만, 그보다 오히려 고철과 같은 폐기물의 리사이클 사업에 더 치중하고 있다고 한다. 물론 리사이클 사업도 가격 하락과 수요 부족 등의 요인으로 현재 썩 그렇게 좋은 상황은 아니라고 덧붙였다.

그런가 하면 서대문구 대학가에 위치한 한 재활용센터는 "대학에

기숙사가 늘어나고 2000년대 후반부터 빌트인(Built-in·가전제품 등이 이미 구비된) 원룸이 많이 지어지면서 매출이 40% 정도 줄었다"고 하소연한다.

반면에 재활용 사업이 비교적 잘되는 지역도 있다. 서울시내 일부 중고품 재활용센터 사장들은 절약이 몸에 밴 나이든 사람들 못지않게 최근 들어 대학생이나 신혼부부 등 젊은 사람들도 중고를 많이 찾는다고 한다. 서울 강북의 한 재활용센터를 찾은 회사원은 "인터넷 중고거래 사이트를 통해 소형 가전제품을 여러 번 사 봐서 그런지 중고 물건에 대한 거부감이 없다"고 말했다. 어머니와 함께 이곳을 찾은 한 대학생은 "중고품이 환경에도 좋고 가격도 저렴한데 안 쓸 이유가 없다"며, "물론 세탁기나 가전제품 같은 건 새 것을 쓰고 싶은 마음도 있지만 직접 와서 보니 가구는 정말 중고도 괜찮은 것 같다"고 강조했다. 어떤 고객은 "나는 중고에 대해 나쁘지 않다고 생각하는 정도가 아니라 중고를 좋아한다"면서 "이곳 말고도 여러 군데 재활용센터에 물건을 보러 자주 다닌다. 물건 값이 저렴하다는 게 재활용센터의 가장 큰 장점"이라고 말했다.

여하튼 전체적으로 볼 때 전훈희 씨의 말대로 중고품 재활용 사업은 초창기 때처럼 잘 나가고 있지는 못하며, 새로운 전기를 맞고 있는 게 사실이다. 재활용 사업은 더욱 업그레이드되어야 하고, 관점을 좀 더 넓혀야 한다. 이 부분에 대해서는 뒤에서 나의 의견을 말해 보겠다.

재활용협회 회고

 어떤 사업을 하든 그 사업에 종사하는 사람들은 자신들의 권익을 보호받고 싶어 하는 게 당연하다. 그래서 사단법인과 같은 형태로 협회나 협의회 같은 것을 만드는 게 일반적이다. 하지만 현재 재활용(재활용센터) 업계에 종사하는 사람들의 권익을 보호해 주는 협회는 사실상 유명무실하게 되어 있다. 그 이야기를 잠깐 해 보도록 하자.
 내가 재활용 사업을 시작하고 나서 관청의 도움을 받든 아니면 혼자 힘으로 하든, 내가 관여해서 생겨나는 재활용센터가 점차 늘어나게 되었다. 그러자 새로운 움직임이 나타났다. 재활용센터를 운영하고 있는 사람들이 재활용협회를 만들려고 하는 것이었다. 그들은 함께 모여서 나를 찾아왔다. 그러곤 재활용협회의 초대 회장을 맡아 달라고 했다.
 나는 재활용 운동을 확산시키기 위해 내 힘을 보태고 싶었지 감투를 쓰고 싶진 않았다. 그러나 나를 찾아온 사람들은 막무가내로 나한테 회장 자리를 맡으라고 했다. 다른 지역에 재활용센터를 건립하는 일도 개인의 자격으로 하기보다는 협회 차원에서 하는 것이 더 바람직할 것이라는 게 그들의 의견이었다. 그 말을 듣고 보니 일리가 있었다. 나는 결국 전국에서 몰려온 재활용센터 운영자들의 의견에 따라 회장을 맡기로 했다.

내가 회장을 맡으면서 구성한 협회의 정확한 명칭은 '사단법인 전국가전가구 재활용협의회'였다. 환경부 산하 단체였고, 허가를 받은 것은 1995년 5월이었다. 협회를 만들고 나자 정말 모든 일이 훨씬 순조로워졌다. 재활용센터를 설립해서 성공을 거두고 있는 협회원이 함께 모인 협회의 회장 자격으로 나서자 나 개인이 혼자 일을 처리할 때보다 더 성과가 좋았다.

나는 전국에 있는 시장과 구청장들을 만나 중고 가전제품 재활용센터의 필요성을 역설했다. 그리고 협회에 가입되어 있는 수보다 훨씬 더 많은 수의 재활용센터 설립을 추진할 수 있었다. 그렇게 되자 재활용센터는 그야말로 불이 번지듯 전국 각지에서 생겨나게 되었다. 어떤 날에는 하루에 서너 개의 재활용센터가 문을 열 때도 있었다. 나는 처음 설립될 때는 물론이고 그 후에도 줄곧 찾아다니면서 제대로 운영이 되도록 도왔다. 그 일은 전국 각지를 돌아다니면서 해야 했기 때문에 너무나 피곤하고 힘들었다. 어찌나 일이 많은지 몸이 열 개라도 모자랄 지경이었다. 그러나 포기할 수가 없었다. 나의 그러한 노력으로 우리나라 재활용의 역사가 제대로 시작되고 있다는 사실을 잘 알고 있기 때문이었다.

1995년 12월 21일 서울 맨하탄호텔에서 열린 '사단법인 전국가전가구 재활용협의회' 총회 모습

그 후 나는 3년 임기를 다 채우지 않고 1년 반 만에 초대 회장직을 그만두었다. 그리고 협회를 떠났다. 그런 결정을 하게 된 데에는 여러 가지 이유가 있었는데, 내가 없어도 협회가 잘 운영될 수 있을 것이라는 생각을 한 것도 그중의 하나였다. 나는 협회 일 말고도 해야 할 일이 너무 많았다. 협회는 그 후 '한국생활자원재활용협회'라는 명칭으로 바뀌어 오늘에 이르고 있다.

그런데 사실 현재 이 협회는 거의 유명무실하다고 할 정도로 나약한 존재가 되어 버리고 말았다. 최근 2년 전까지 회장을 맡아오다가 그만둔 신동길 회장의 말에 따르면, 협회가 회원들에게 제대로 된 서비스를 해 주는 게 없다는 것이다. 그러니 회원들이 회비를 잘 낼 리가 없다. 대체로 회원들의 회비로 운영되는 협회가 회비가 제대로 걷

히지 않는다면 존속하기가 어려워지는 게 필연이다. 물론 다른 수익 사업을 통해 협회 재정을 보충할 수는 있겠지만, 현재로서는 그러한 모멘텀을 잘 찾지 못하고 있는 모양이다. 초대 회장을 지낸 사람으로서 협회의 이런 모습은 참으로 안타까운 일이 아닐 수 없다.

나는 앞에서도 이야기했듯이 재활용 사업을 전 세계로 확대하고, 특히 중국과의 교류 협력 사업을 추진해 나가기 위해 사단법인 '한국자원순환경제협회'를 설립하기 위해 준비 중이다. 이 협회가 기존의 협회를 발전적으로 계승할 수 있기를 원하지만, 새로 탄생할 협회는 단순히 재활용센터 업계를 뛰어넘어 자원순환과 관련된 모든 업계를 대변하는 단체가 되기를 나는 더 바라고 있다. 새로운 협회에 많은 분의 적극적 동참을 기대해 본다.

생산자책임재활용제도

재활용 사업이 새로운 전기를 맞고 있는 것과 관련하여 반드시 짚어보아야 할 정책 가운데 하나는 '생산자책임재활용제도(Extended Producer Responsibility: EPR)'이다. 아울러 이와 연관된 '전기·전자제품 및 자동차의 자원순환에 관한 법률'도 같이 살펴볼 필요가 있다. 이 제도는 원래의 취지와는 다르게 생산자들에 의해 악용될 수 있는 소지를 안고 있고, 나와 같이 재활용센터 사업을 운영하고 있는 사람의 입장에서는 생존의 문제와도 직결되어 있기 때문이다.

우선 생산자책임재활용제도를 살펴보면 2003년에 도입된 이 제도는 재활용을 촉진시키기 위해 제품이나 포장재의 생산자 또는 수입업자에게 재활용 의무를 부과한 것이다. 제도의 이름 그대로 생산자가 책임을 지고 자신이 생산한 제품의 재활용을 하라는 뜻이다.

따라서 생산자는 제품의 설계와 제조과정에서 소재 및 디자인 선택, 구조개선을 통해 폐기물을 원천적으로 줄여야 할 뿐만 아니라, 사용 후 폐기물에 대해서도 재활용해야 할 의무를 진다. 기존에는 생산자가 재활용하기 쉬운 재질 구조의 제품을 생산하여 이를 판매하는 시점까지만 책임을 지고 제품 사용 후 발생된 폐기물은 소비자의 책임이었다. 그런데 이제는 생산자가 제품 사용 후 발생되는 폐기물의 재활용까지 책임지도록 범위를 확대한 것이다. 그렇게 본다면 폐기물의 재활용에 대한 법적 의무는 생산자에게 있는 것 같지만, 생산자가 폐기물의 수거부터 재활용에 이르기까지 전 과정을 직접 책임진다는 의미는 아니다. 소비자·지자체·생산자·정부가 일정 부분 역할을 분담하는 체계로 되어 있기 때문이다. 다만 제품의 설계, 포장재의 선택 등에서 결정권이 가장 큰 생산자가 재활용 체계의 중심적 역할을 수행하도록 한 것이다. 이 제도는 독일·프랑스·영국·체코·헝가리 등 대부분의 유럽 국가는 물론 호주·뉴질랜드와 멕시코·브라질·페루 등 남미지역까지 확대, 시행되고 있다.

우리 정부는 지난 1992년부터 금속 캔, 유리병, 전자제품 등에 대해서 생산자가 출고량 전체에 대해 재활용 비용을 예치하도록 한 후 재활용 실적에 따라 이를 환급하는 폐기물 예치금 제도를 운영해 왔었다. 그러다가 이를 더욱 보완·발전시켜 2003년 1월 1일부터 시행된 '자원의 절약과 재활용 촉진에 관한 법률' 시행령에 의거하여 생산자책임재활용제도를 실시한 것이다. 이 시행령에 따라 만약 업체에서 이 의무를 이행하지 못하면 재활용에 투입되는 비용 이상을 납부하여야 한다.

2003년부터 적용된 재활용 대상 품목은 텔레비전과 냉장고, 에어컨, 세탁기, 컴퓨터 등 가전제품과 타이어, 윤활유, 전지류, 종이팩, 금속 캔, 유리병, PET병, 플라스틱 포장재, 스티로폼 완충재였으며, 2004년부터는 형광등과 플라스틱 포장재 중 과자봉지 등 필름류가 추가되었다. 2005년부터는 이동전화단말기와 오디오 기기가 포함되었다. 2011년에는 '자원의 절약과 재활용 촉진에 관한 법률' 시행령의 개정으로 부동액, 브레이크액 등도 포함되었다. 2015년 현재 재활용 의무 대상 품목은 4개 포장재군(종이팩, 유리병, 금속 캔, 합성수지재질 포장재)와 5개 제품군(전지류, 타이어, 윤활유, 형광등, 양식용 부자)이다.

다만 텔레비전과 냉장고, 에어컨, 세탁기, 컴퓨터 등 가전제품과 전자제품은 폐자동차와 함께 2008년부터 재활용뿐만 아니라 유해물질 함유까지 제어하는 '환경성 보장제'로 확대 운영되고 있다. 환경성 보장제라는 것은 전기·전자제품과 자동차의 유해물질 사용을 억제하고 재활용이 쉽도록 제조하며, 그 폐기물의 적정한 재활용을 촉진하기 위해 만든 제도이다. 제품의 설계·생산 단계부터 폐기 시까지의 전 과정에 걸쳐 체계적인 관리를 함으로써 환경 부하를 최소화할 목적으로 2008년 1월 1일부터 시행되었다. 기존에 생산자책임재활용제도에서 관리해 오던 '전기·전자제품'과 그 동안 정책적으로 관리가 미비했던 자동차를 '전기·전자제품 및 자동차의 자원순환에 관한 법률'에서 통합적으로 관리하게 된 것이다.

전기·전자제품과 관련하여 최근 정부는 대형 폐가전제품을 무상으로 방문 수거하는 제도를 실시하고 있다. 이 제도는 기존에 각 가정에서 폐가전제품을 버리는 데에 느끼던 불편함을 개선하고 환경오염을 예방하려는 취지에서 도입되었다. 자기가 사용하던 가전제품을

구분		EPR대상 제품 · 포장재
제품	전지류	가. 수은전지 나. 산화은전지 다. 니켈 · 카드뮴전지 라. 리튬1차전지 마. 망간전지 · 알칼리망간전지 바. 니켈수소전지
	타이어	가. 자동차관리법 제2조제1호의 규정에 의한 자동차에 사용되는 타이어 나. 군수품관리법에 의한 차량에 사용되는 타이어 다. 건설기계관리법 제2조 제1항 제1호의 규정에 의한 건설기계에 사용되는 타이어 라. 농업기계화촉진법 제2조제1호의 규정에 의한 농업기계에 사용되는 타이어
	윤활유	가. 자동차관리법 제2조 제1호에 따른 자동차에 사용되는 윤활유 나. 군수품관리법에 의한 차량에 사용되는 윤활유 다. 건설기계관리법 제2조 제1항 제1호의 규정에 의한 건설기계에 사용되는 윤활유 라. 농업기계화촉진법 제2조 제호의 규정에 의한 농업기계에 사용되는 윤활유 마. 선박법 제2조의 규정에 의한 한국선박(외항선박을 제외)에 사용되는 윤활유 바. 어선법 제2조 제1항의 규정에 의한 어선(원양어선을 제외)에 사용되는 윤활유
	형광등	수은이 들어 있는 형광등 제조용 반제품인 램프를 포함
	양식용 부자	수산물 양식용 부자(浮子)
포장재	음식료품류, 농 · 수 · 축산물, 세제류, 화장품류, 의약품 및 의약외품, 부탄가스제품, 살충 · 살균제, 의복류, 종이제품, 고무장갑, 부동액 · 브레이크액 및 윤활유 등의 포장재	가. 종이팩(합성수지 또는 알루미늄박이 접합 도포된 종이팩에 한함) 나. 유리병 다. 금속캔 라. 합성수지재질의 포장재(용기류, 필름, 시트형 포장재 및 트레이 포함) ※ 부동액 · 브레이크 및 제6호에 따른 윤활유(합성수지재질의 포장재로 한정) ※ 상기 품목 이외의 제품 (합성수지재질의 포장재로 한정)
	전기기기류 등의 포장재	필름 · 시트형 포장재 및 발포합성수지 완충재
	1회용 봉투 · 쇼핑백	합성수지 재질의 1회용 봉투, 쇼핑백(종량제 봉투 제외)

중고품으로 팔 수 있을지 잘 모르는 사람들 입장에서는 집 앞 수거장소까지 대형 폐가전제품을 옮기는 것도 힘들고, 제품에 따라 3,000원

에서 1만 5,000원까지 하는 스티커를 구입해서 붙여야 했기 때문에 불편함을 느끼고 있었다. 배출하더라도 일부 업자들이 돈 되는 부품만 빼내가고 방치하거나 폐기하는 경우가 많아 잘못 방치되면 중금속이나 폐냉매 같은 유해물질이 환경을 오염시킬 가능성이 높다. 그래서 정부는 2012년 6월부터 일부 지역에서 시범적으로 이 제도를 실시한 후 현재 전국에 걸쳐 단계적으로 확대해 나가고 있다.

무상 방문수거 제도는 환경부와 지방자치단체, 가전제품의 생산자 재활용단체인 한국전자산업환경협회(이 협회는 1997년에 국내의 전자 3개사의 리사이클링센터로 설립되어 18년간 운영되어 오다가 2015년부터는 '한국전자제품자원순환공제조합'으로 재탄생했다)가 생산자책임재활용제도에 따라 서로 협약을 체결하여 시행하는 제도이다.

서울시를 비롯해 대구, 대전, 경기도 9개 시·군, 부산, 광주 등 6개 시·도가 참여한 무상 방문 수거 제도를 통해 2013년에는 총 16만 2,600여 대의 폐가전제품이 수거되었는데, 이 수거량은 제도 시행 이전인 2012년에 비해 지자체별로 약 1.5~6배가 늘어난 수치라고 한다. 품목별로는 TV가 6만 9,444대(전체의 42.7%)로 가장 많았고, 냉장고 4만 5,106대(27.7%), 세탁기 1만 928대(6.7%) 순이었다.

그런데 나와 같이 재활용(재사용) 사업을 하고 있는 사람의 입장에서 보면 EPR 제도와 무상 방문 수거 제도는 많은 문제점을 가지고 있다. 즉, 아직도 재사용할 가치가 남아 있는 중고물품들이 생산자와 판매자의 수거로 인해 재사용될 여지도 없이 폐기물로 처리되는 바람에 제품의 수명이 짧게 끝나버린다는 사실이다. 특히 가전제품의 경우 판매업자가 수거한 헌 제품은 대부분 생산자가 운영하는 리사이클링센터로 흘러 들어간다. 일정량의 헌 가전제품을 회수하여 재활용 처리하도록 의무를 부여하고 있기 때문이다. 각 자치구의 폐기물 수집운반업자가 1톤짜리 트럭을 타고 돌아다니면서 수거한 헌 가전제품들도 생산자에게로 흘러 들어간다. 그런데 생산자가 회수한 헌 제품은 재사용될 여지도 없이 해체되고 분해되어 고철, 비철금속, 합성수지, 가연성 물질 등으로 매각되거나 처리되고 마는 것이다. 이것은 자원순환이라는 가치를 실현하기 위해 재활용 이전에 재사용을 통해 가능한 한 자원의 사용 기간을 늘려야 한다는 원칙을 어기는 것이기 때문에 문제가 많다고 나는 생각한다.

재사용이 가능한데도 한번 사용하고 처분되어 버리고 마는 가전제품을 비롯한 생활폐기물의 양이 어느 정도인지를 알 수 있는 통계자료를 알아보려고 해도 현재로서는 알 수가 없다. 그러나 재사용할 수 있는 여지가 있는 제품은 상당량에 이를 것으로 추정된다. 게다가 EPR 제도를 시행할 초창기 시절에는 회사에 할당된 의무수거량을 채울 만큼의 폐컴퓨터를 구할 수 없어서 생산자가 울며 겨자 먹기로 중고 컴퓨터를 돈을 주고 사야만 하는 웃지 못할 일도 벌어졌다. EPR 제도가 취지는 좋지만 현실과 맞지 않아 여러 가지 부작용이 생겼다고 할 수 있다.

사실 지금 현재 재활용센터 사업이 어려움을 겪고 있는 결정적인 요인 중의 하나가 바로 생산자책임재활용제도와 무상 방문수거 제도 때문이라고 나는 주장한다. 여기에는 계속해서 신제품을 많이 판매해야만 살아남을 수 있는 제조업자 및 유통업자들과 중고품 매매를 통해서만 생계를 유지할 수 있는 재활용센터 사업자들 사이의 오랜 갈등이 숨어 있다. 초창기에 재활용센터가 생기고 활성화되면서 가전제품 대리점들이 많이 어려워진 것이 사실이다. 생산자 입장에서는 재활용센터가 신제품 판매에 걸림돌로 작용한다고 생각할 만도 하다. 그래서 재활용이라는 명분 아래 멀쩡하게 사용할 수 있는 중고품들도 무상으로 회수하여 해체하고 파쇄해 버리는 일을 하고 있는 것이다. 이렇게 재사용이 가능한 물건들을 무상으로 수거해 버리니 재활용센터로 흘러 들어오는 물량이 줄어드는 것은 당연한 일이다. 물론 재활용센터는 중고품을 돈 주고 사오기 때문에 이를 아는 시민들은 무상 수거보다는 한 푼이라도 더 받을 수 있는 재활용센터를 이용하겠지만, 이를 제대로 알지 못하는 시민들도 여전히 많다.

따라서 나는 생산자가 회수한 가전제품을 무조건 분해하거나 해체하지 말고 기능적으로 재사용할 수 있는 것은 재사용하도록 EPR 제도를 개선할 필요가 있다고 생각한다. 또 재활용센터가 전체적으로는 자원순환과 같은 방향일지라도 부분적으로는 방향이 어긋나거나 삐걱거릴 수 있는 일은 항상 있기 마련이다. 이런 부분에 대해서는 관련 정책 담당자들이 세심하게 현장의 목소리를 듣고 제도를 개선해 나가야 할 것이다.

쓰레기 종량제

지난 20여 년 간의 재활용 사업을 되돌아보는 것과 관련하여 생산자책임재활용제도 외에 정부가 시행한 여러 가지 관련 정책이나 법률들도 살펴보지 않을 수 없다. 정부 정책은 재활용 사업에 영향을 주는 가장 기본적인 바탕이기 때문이다. 그중에서도 '쓰레기 종량제'는 꼭 되짚어 보아야 한다. 이 제도로 말미암아 나의 재활용 사업이 전국적으로 확산되는 계기가 만들어졌기 때문이다. 마침 이 글을 쓰고 있는 2015년은 쓰레기 종량제를 실시한 지 20주년이 되는 해이기도 하다.

쓰레기 종량제는 내가 재활용센터를 전국에서 처음으로 개설한 1994년에 1년간의 시범사업을 거쳐 1년 뒤인 1995년에 전국적으로 시행된 제도이다. 내가 알기로 국가 차원에서 전국에 걸쳐 쓰레기 종량제를 실시한 나라는 전 세계에서 우리나라가 최초라고 한다.

1990년대 초반 쓰레기를 줄이는 방법의 하나로 일부 아파트단지에 재활용품 분리수거함이 등장했다. 하지만 대부분의 시민들은 재활용품 분리수거함이 뭔지도 몰랐고 왜 분리 수거해야 하는지, 어떻게 분리해야 하는지도 몰랐다. 필요성도 인식하지 못했을 뿐만 아니라 실제 분리 배출에도 서투르기만 했다. 그러니 일반 쓰레기와 재활용 가능한 쓰레기가 뒤죽박죽 섞여 있었다. 게다가 냉장고 세탁기와 같은 가전제품이나 가구 등의 대형 쓰레기는 집 앞이나 도로에 무단으로 버려져 있기 일쑤였다.

이러한 상황을 개선할 목적으로 정부가 관심을 가지기 시작한 것이 쓰레기 종량제이다. 사실 쓰레기 종량제가 실시된 것은 너무나 당연한 일이었다. 전국적으로 넘쳐나는 쓰레기를 조금이라도 줄이기 위해서는 뭔가 특단의 조치가 있어야 했다. 내가 쓰레기 문제를 접하면서 이를 걱정했던 것처럼 정부 안에서도 누군가가 그런 걱정을 했고 그 결과로 만들어진 것이 바로 쓰레기 종량제인 셈이었다. 다만 나는 재활용센터를 운영하자는 의견을 내놓았고, 정부에서는 쓰레기를 버릴 때 돈을 내게 하는 제도를 도입한 것이 차이점이라고 할 수 있었다. 여하튼 바로 그 시기에 대형 쓰레기를 처리하기 위해 도입된 것이 내가 주장해서 울산시가 받아들인 재활용센터였던 셈이다.

쓰레기 종량제는 쓰레기 배출량에 따라 그 처리비를 차등적으로 부과함으로써 쓰레기 배출량이 늘어나면 처리비도 그만큼 많이 부담하는 제도이다. 이렇게 하면 쓰레기 양이 줄어들 것이라고 예상한 것이다. 당시 환경부는 건물 면적이나 재산세 등을 과표로 쓰레기 처리

수수료를 징수하던 종전의 제도를, 오염자 부담 원칙에 따라 실제 배출량을 과표로 수수료를 부과하는 이 제도로 전환하기 위해 1994년 4월부터 일부 지역에서 먼저 시범적으로 실시해 보았다. 그 결과 쓰레기 발생량이 30~40%나 줄고 재활용품 수거는 2배 이상 늘어나는 등 큰 성과를 보였다. 이를 근거로 환경부는 1995년 1월 1일부터 쓰레기 종량제를 전국적으로 시행하였던 것이다. 이에 따라 시민들은 유료로 구입한 봉투에 쓰레기를 담아야만 배출할 수 있었다. 다만 별도로 분리한 재활용품은 무료로 버려도 되게끔 하였다. 이러한 제도 시행은 재활용품의 분리 배출을 단기간에 정착시키는 데 큰 기여를 했다고 평가 받고 있다.

쓰레기 종량제는 재활용 가능한 쓰레기를 분리해서 버리도록 하는 데 크게 기여함으로써 재활용 산업 발전의 가장 기본적인 토대가 되었다고 말할 수 있다. 모든 쓰레기의 재활용은 재활용 가능한 쓰레기를 제대로 수거, 수집해야만 가능하기 때문이다. 만약 재활용 가능한 쓰레기와 일반 쓰레기가 분리되지 않고 섞여서 배출된다면, 이것을 다시 분리하는 데에도 엄청난 비용이 소요될 것이고 이는 재활용 산업의 원가에 부담으로 작용할 것이다. 물론 쓰레기 종량제도 개선되어야 할 점이 아직도 많다. 이 부분에 대해서는 관련 이해당사자들이 머리를 맞대고 풀어나가야 할 것이다.

아무튼 쓰레기 종량제는 나의 재활용 사업을 전국적으로 확산시키는 기폭제 역할을 했던 것이 분명하다. 당시 쓰레기 종량제가 실시되자 냉장고나 세탁기 같은 것을 버릴 때에는 4,000원~8,000원의 돈을 내야 했다. 더구나 그 물건을 집 앞까지 내놓으려면 여간 힘들고 귀찮은 일이 아니었다. 그런데 재활용센터에 전화 한 통만 하면 수거 차량을 즉시 출동시켜 무료로 수거해 가니까 얼마나 편하고 좋은가. 이러한 사실이 알려지면서 일반 시민들은 너도나도 재활용센터로 연락을 하게 되었고, 그로부터 재활용센터 사업이 전국적으로 확산되게 되었던 것이다.

분리배출표시제도

쓰레기 종량제나 생산자책임재활용제도와 관련하여 시행된 또 하나의 중요한 제도가 '분리배출표시제도'이다. 폐기물(쓰레기)의 재활용을 촉진하기 위해 생산자책임재활용제도를 시행하게 되었는데, 이 제도가 효과적으로 시행되려면 폐기물이 제대로 수거되어야 하고, 이를 위해서는 쓰레기가 배출될 때 제대로 분리 배출되어야 한다. 따라서 의무적으로 재활용해야 할 제품이나 포장재를 일반인들이 쉽게 알 수 있도록 제품이나 포장재에 재활용 여부를 표시하도록 한 것이다.

환경부는 2003년 1월 1일부터 생산자책임재활용제도 시행 시기에 맞춰 종전의 '재질분류표시제'와 '재활용가능표시제'를 통합하여 국민들이 좀 더 쉽게 분리 배출할 수 있도록 하기 위해 분리배출표시제도를 제정, 시행하게 되었다. 이는 '자원의 절약과 재활용 촉진에 관한 법률' 제14조에 규정된 데 따른 것이다. 이에 따라 분리 배출 표시가 있는 것은 재활용품으로 분리 배출하고 표시가 없는 것은 쓰레기 종량제 봉투에 넣어서 버리면 된다. 분리 배출 표시를 할 수 있는 것은 재활용이 가능하고 재활용 체계가 구축된 용기 및 포장재라야만 한다. 현재 분리 배출이 표시되고 있는 재활용품에는 종이, 플라스틱, 유리병, 알루미늄, 캔 등이 있다.

분리배출표시제도에 대한 네이버 시사상식사전의 설명에 따르면, 이 제도가 시행될 2003년 당시에는 분리배출이라는 기호가 밑면에 적혀 있었고 분리배출표시는 12종으로 구성돼 있었다. 플라스틱 계열 재질은 영문 HDPE·LDPE·PP 등으로, steel은 철로, 알루미늄은 알루미늄으로 표기했으며, 유리가 분리배출 마크에 추가로 적용되는 것으로 알려졌다. 또한 비닐 및 필름 포장재에 대한 분리 수거 전면 실시도 이때부터 시작됐다. 그러나 최초 시행되는 분리배출표시의 복잡한 표시 방법에 따른 혼란이 발생하였고, 이에 환경부는 2010년 8월 개정안의 입안 예고를 발표, 개정된 분리배출표시제도는 2011년 1월 1일에 이루어졌다. 아울러 기존에 사용하던 도안을 새로 바꾸는 일이 생산 및 제조업체에는 쉬운 일이 아니어서 1년 6개월여 간의 유예기간을 거치게 되었고, 개정된 분리배출표시제도가 본격 시행된 사실상 2012년 7월 1일부터라고 할 수 있다. 개정된 분리배출표시제도는 모든 표시가 한글화되고, 도안의 표시 위치도 제품 정면 등으로 한정되는 등 소비자의 눈높이를 고려한 방향으로 개선됐다.

분리배출표시 의무대상 포장재

포장재의 종류(A)	포장 대상 품목(B)
종이팩 금속 캔 유리병(빈 용기 보증금 포함제품 제외) 합성수지 재질 포장재	음식료품류 농·수·축산물 세제류 화장품 및 애완동물용 샴푸·린스 의약품 및 의약외품 부탄가스제품 살충·살균제 의복류 위생용 종이제품 고무장갑 부동액·브레이크액 및 윤활유 (합성수지 재질의 포장재에 한함) 상기 품목 이외의 제품 (합성수지 재질의 포장재에 한함)

합성수지 재질 필름·시트형 포장재 및
발포합성수지 완충재

전기기기류 및 개인용 컴퓨터(모니터 및 자판 포함)

합성수지 재질의 1회용 봉투·쇼핑백(폐기물 종량제 봉투 제외)

* 포장재의 종류(A) 및 포장 대상 품목(B)이 상기 사항에 모두 해당하는 포장재의 경우 분리배출표시 의무 대상

자원의 절약과 재활용 촉진에 관한 법률

앞에서 언급한 쓰레기 종량제나 생산자책임재활용제도, 분리배출표시제도 등은 모두 '자원의 절약과 재활용 촉진에 관한 법률'에 근거하여 만들어진 제도이다. 이 법은 공교롭게도 내가 '대형 폐기물의 효율적 처리방안'이라는 제목으로 제안서를 만들어 울산시청과 환경부장관에게 제출한 해인 1992년에 제정되었다고 말한 바 있다. 나는 당시 이러한 법이 제정 중인지도 모른 채 재활용 사업에 뛰어들었지만, 아무튼 이 법은 나의 사업과 연륜을 같이 해 온 셈이다. 이 법은 그 후 상황 변화에 맞게 여러 차례 개정 과정을 거쳐 오늘날에 이르고 있다.

이 법(2014년 7월 22일부터 시행된 법률 기준)은 폐기물의 발생을 억제하고 재활용을 촉진하는 등 자원을 순환적으로 이용하도록 함으로써 환경의 보전과 국민경제의 건전한 발전에 이바지하는 것을 목적으로 하고 있다. 주요 내용을 살펴보면, 우선 이 법에서 사용하는 용어들에 대해 다음과 같이 정의하고 있다.

'자원 순환'이란 환경정책상의 목적을 달성하기 위하여 필요한 범위 안에서 폐기물의 발생을 억제하고 발생된 폐기물을 적정하게 재활용, 또는 처리하는 등 자원의 순환 과정을 환경 친화적으로 이용 관리하는 것을 말한다.

'재활용 가능 자원'이란 사용되었거나 사용되지 아니하고 버려진 후 수거된 물건과 부산물 중 재사용, 재생 이용할 수 있는 것(회수할 수 있는 에너지와 폐열을 포함하되, 방사성 물질과 방사성 물질로 오염된 물질은 제외한다)을 말한다.

한편 '재활용'이란 '폐기물 관리법' 제2조 제7호에 따른 재활용을 말한다'라고 되어 있다. 여기서 폐기물 관리법 제2조 제7호를 보면 재활용이란 다음 각 목의 어느 하나에 해당하는 활동을 말한다면서 이렇게 정의하고 있다. 가. 폐기물을 재사용, 재생 이용하거나 재사용, 재생 이용할 수 있는 상태로 만드는 활동. 나. 폐기물로부터 에너지를 회수하거나 회수할 수 있는 상태로 만들거나 폐기물을 연료로 사용하는 활동으로서 환경부령으로 정하는 활동이라고 되어 있다. 따라서 재사용은 재활용의 범주 안에 들어간다.

'재사용'에 대해서도 정의하고 있는데, 재사용이란 재활용 가능 자원을 그대로 또는 고쳐서 다시 쓰거나 생산 활동에 다시 사용할 수 있도록 하는 것을 말한다. 또 '재생 이용'이란 '재활용 가능 자원의 전부, 또는 일부를 원료물질로 다시 사용하거나 다시 사용할 수 있도록 하는 것을 말한다'라고 되어 있다.

따라서 내가 해 왔던 재활용센터 사업은 이 법의 적용을 받고 있다고 할 수 있겠다.

이 법은 나중에 살펴볼 자원 순환이라는 개념을 적극 반영하는 방향으로 개편되어 왔다. 그래서 제2조의 2에서는 자원 순환에 관한 기본 원칙을 규정하고 있다. 이에 따르면 ①원재료·제품 등을 제조, 가공, 수입, 판매, 소비하거나 건설공사를 하는 자는 폐기물의 발생을 최대한 억제하고 그 유해성을 줄여야 하고, ②발생된 폐기물은 다음 원칙에 따라 재활용하거나 적절하게 처리하여야 한다. 첫째, 폐기물의 전부 또는 일부를 최대한 재사용하거나 재생 이용해야 한다. 둘째, 재사용하거나 재생 이용하기 곤란한 폐기물의 전부 또는 일부는 에너지를 회수하기 위한 목적으로 사용하여야 한다. 앞의 두 가지가 불가능한 폐기물은 환경에 미치는 영향이 최소화되도록 적절하게 처리해야 한다. 그리고 자원의 절약, 폐기물의 발생 억제 및 재활용에 관해 이 법에 규정되지 아니한 사항은 '폐기물 관리법'을 적용하도록 되어 있다.

이 법률은 각 주체별 책무에 대해 규정하고 있는데, 국가는 자원 순환을 촉진하기 위한 시책을 마련하여야 하고, 지방자치단체는 국가의 시책에 따라 관할 구역의 특성을 고려하여 자원 순환을 촉진하기 위한 시책을 수립 시행할 책무를 진다. 사업자는 자원 순환의 기본 원칙을 지킬 수 있도록 노력하는 동시에 국가 또는 지방자치단체가 행하는 시책에 협력하도록 되어 있다. 국민은 재활용 가능 자원을 분리배출하고 재활용제품을 우선 구매하며 1회 용품의 사용을 자제하는 등 자원 순환을 촉진하기 위해 노력해야 한다. 환경부 장관은 자원 순환 기본계획을 5년마다 수립해야 하고, 관계 중앙행정기관의 장 및 시·도지사는 기본계획의 연차별 시행계획을 수립하여 시행해야 하며, 시장·군수·구청장은 관할 구역의 특성을 고려한 자원 순환 집행계획을 수립하여 특별시장·광역시장·도지사에게 제출하고 이를 시행하여야 한다. 자원 순환 기본계획에는 자원 순환을 촉진하기 위한 기본 방침 및 추진 목표, 폐기물의 발생·재활용 및 재활용산업 현황 등 자원 순환 여건에 관한 사항, 자원 순환 목표 설정에 관한 사항, 자원 순환 목표를 달성하는 데 사용되는 재원 조달 및 투자계획 등이 포함되어야 한다.

이 밖에 이 법은 자원 순환 촉진(자원의 절약과 폐기물의 발생 억제, 폐기물의 분리·수거 및 재사용 촉진, 폐기물의 재활용 촉진), 재활용사업공제조합 및 재활용 가능 자원 유통지원센터, 자원 순환 촉진을 위한 기반 조성, 벌칙 등의 내용을 담고 있다.

제 3 장

재활용 사업의
새로운 지평

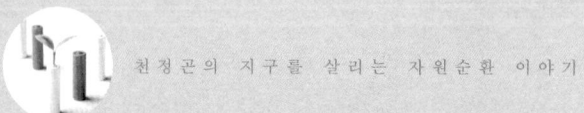
천정곤의 지구를 살리는 자원순환 이야기

재활용 사업의 업그레이드가 필요하다

지난 20여 년간의 재활용 사업을 되돌아보면서, 그리고 우리나라 재활용 관련 정책이나 제도의 변천을 살펴보면서, "그러나 나는 아직도 목이 마르다"고 고백하지 않을 수 없다. 앞으로도 해야 할 일이 많기 때문이다. 개인적 차원에서도 해야 할 일이 많다고 느낄 뿐만 아니라 우리 사회 전체 차원에서도 가야 할 길이 아직 멀다고 생각한다.

이제 재활용 운동과 재활용 사업을 한 단계 더 끌어올려야 한다. 우리가 재활용할 수 있는 물품의 종류는 무궁무진하다. 그 물품들을 세분화하고 전문화해서 재활용의 깊이와 넓이를 확대해 나갈 필요가 있다. 온라인과 SNS와 같은 사회관계망도 적극 활용해야 한다. 나는 오프라인에만 신경을 쓰느라 온라인 쪽에 대해서는 비교적 무관심했던 게 사실이다. 하지만 이제는 모바일 시대라고 할 정도로 언제 어디서나 원하는 정보를 검색하고 쇼핑도 할 수 있다. 이러한 사회적 기반을 적극 활용해야 한다. 나는 개인적으로 이러한 나의 부족한 부분을 보충하기 위해 울산대학교 산업대학원 스마트 IT융합전공 과정의 석사 과정을 최근 마치고 석사 학위 논문으로 〈SNS를 활용한 환경보전을 위한 자원재활용 운동에 관한 연구(A Study on Recycling Movement to protect the Environment with SNS)〉를 제출했다. 업사이클링과 같은 새로운 차원의 질적 변화를 수반한 재활용 사업도 구상해 볼 필요가 있다. 무선인식(Radio Frequency Identification: RFID)과 같은 첨단 기술을 접목시킬 수 있는 상상력도 발휘해 보아야 한다. 이런 많은 일을 함께 고민하고 함께 만들어나갈 많은 분이 필요하다.

재활용에 관한 용어 정리

앞으로 재활용 사업이 어떻게 업그레이드되어야 할지, 그 새로운 지평을 생각해 보기에 앞서 우선 재활용과 관련된 몇 가지 용어를 정리하고 이야기를 풀어나갈 필요가 있을 것 같다. 용어와 개념이 분명하게 정리되어 있지 않으면 소통에 혼선이 올 수 있기 때문이다. 아울러 재활용 사업을 하거나 하려고 하는 사람은 이와 관련된 여러 개념, 예컨대 폐기물이라든가 자원 순환 등에 대해 좀 더 폭넓게 알아둘 필요가 있다고 생각한다. 물론 앞에서 살펴보았듯이 '자원의 절약과 재활용 촉진에 관한 법률'에서도 '재활용'과 '재사용' 등의 개념에 대해 정의해 놓았다. 나는 이 분야에 관한 학자적 전문가는 아니지만 내 나름대로 관련 자료들을 읽고 정리한 내용들을 소개해 보려고 한다.

우리는 일반적으로 재활용이라는 단어를 가장 흔하게 사용한다.

이것은 글자 그대로 어떤 물건(혹은 물질)을 다시 활용한다는 의미다. 재활용에 관련된 단어들 가운데 가장 포괄적인 용어라고 할 수 있다. 재활용과 관련된 영어 단어를 보면 reuse, recycle 등이 사용되는데 여기서 접두사 〈re〉가 우리말의 재(再)에 해당한다. 이것은 다시(again), 한 번 더(once more)의 의미를 지닌다. 그런데 어떤 물건을 다시 활용하는 방식에는 여러 가지가 있다. 나는 여기서 그것을 다음과 같이 구분해서 사용하려고 한다.

우선 재사용(reuse)이다. 이것은 어떤 물건을 고유 기능의 변화 없이 다시 쓴다는 뜻이다. 빈 병의 재사용이 대표적인 예다. 어떤 물건이 고장 나거나, 신제품에 대한 교체 수요 때문에 사람들이 버린 물건을 손질하거나 수리해서 다시 사용하는 것, 예컨대 중고 전자제품의 재사용도 여기에 해당한다. 사실 내가 말하는 재활용이나 재활용센터는 바로 이런 의미의 재사용에 가깝다고 할 수 있다.

그 다음은 리사이클링(re-cycling)이다. 재활용 가능한 물건을 파쇄, 분해하거나 화학적 가공 처리를 통해 새로운 물건의 원재료로 다시 신안하는 것을 말한다. 좁은 의미의 재활용이라고 할 수 있다. 리사이클링을 위해 우리는 재활용할 수 있는 물품들을 분리해서 배출할 필요가 있고, 이를 위해 정부는 분리배출을 제도화하고 있다.

또 하나는 업사이클링(up-cycling)이라는 개념이다. 이것은 기존에 버려지던 제품을 단순히 재사용하는 차원을 넘어 여기에 디자인을 가미하는 등 새로운 가치를 더해(upgrade) 새로운 제품으로 재탄생시키는 것(recycling)을 말한다. 여기에서 홍수열 자원 순환 사회 경제연구소장이 재사용과 재활용 개념에 대해 정리해 놓은 것을 참고해 보도록 하자. 그는 〈자원 순환 사회 경제연구소〉 블로그에서 이렇게 쓰고 있다.

"폐기물, 혹은 쓰레기란 쓸모없다는 이유로 버려지는 물질(물건)을 말한다. 여기에서 '쓸모없다'라는 것은 객관적 관점과 주관적 관점 모두를 의미한다. 멀쩡한 물건이라도 사용하는 사람이 주관적 관점에서 쓸모가 없다고 생각해서 밖으로 버리게 되면 그것은 법적으로 쓰레기의 지위를 얻게 된다. 멀쩡한 물건을 누군가에게 바로 기증을 하게 되면 그것은 쓰레기가 아니지만, 문밖으로 버리게 되면 그것은 쓰레기가 된다. 물론 이 구분은 실제로 들어가게 되면 좀 모호하기 때문에 상황에 따른 탄력적 해석이 필요하기는 하다.

재활용이란 넓은 의미로 이와 같이 쓰레기로 버려지는 물질(물건)을 다시 쓸모가 있는 것으로 만드는 행위를 말한다. '쓸모'의 형태는 물건이나 원료, 연료, 에너지의 형태가 된다. 재활용이란 즉 쓰레기로 버려지는 물질이 가지고 있는 '유용성'을 다시 회복(recovery)시키는 것을 말한다. 물론 개념적으로 재활용이란 물질(물건)이 쓰레기로 바뀌면서 발생한 '오염(위생)'의 문제는 제거되어야만 한다. 재활용의 질적 수준이란 관점에서 이 문제는 굉장히 중요하고 앞으로도 재활용 산업의 발전을 위해서 굉장히 중요하다.

재활용을 좁은 의미로 사용하면 '물질재활용(material recycling)'을 의미한다. 물품을 수선하여 다시 사용하는 재사용과 재활용은 이 지점에서 구분된다. 태워서 에너지를 회수하는 에너지회수와도 구분된다. 물질활용의 우선순위로 구분하면 재사용, 물질재활용, 에너지 회수로 세분된다.

폐기물 관리의 관점에서 보면 재사용은 쓰레기로 버려진 후 다시 수선, 세척 등의 과정을 거쳐 다시 사용하는 것을 말하지만, 폐기물로 버려지기 전 단계에서 기증이나 중고판매 등을 통하여 다시 사용하게 하는 것도 재사용의 범위에 포함된다. 즉 재사용을 개념적으로 좀 더 세분화하면 폐기물로 버려지기 전 물건들이 다시 사용되도록 하는 것과 폐기물로 버려진 후 다시 사용되는 것으로 구분될 수 있다. 전자는 물건을 다시 사용토록 하기 위한 사용자의 노력과 의지가 개입되고, 후자는 버린 사람이 아닌 다른 사람이나 기관이 개입된다.

즉, DIY 등을 통해서 다시 유용한 무엇인가로 만들어서 사용하거나 중고가게나 녹색가게, 나눔장터 등을 통해서 중고품이 필요한 사람에게 갈 수 있도록 하는 것이 전자라면, 지자체나 중고사업자가 쓰레기로 버려지는 것들을 수거, 다시 쓸 수 있는 것들을 선별해서 중고품으로 유통시키는 것이 후자가 되겠다. 쓰레기의 사전감량과 사후감량의 차이로도 설명할 수 있겠다.

재사용이 산업의 개념으로 접근될 때에는 재사용 제품(부품)의 인증이 필요하다. 좀 더 적극적인 작업이 들어갈 때에는 재제조라는 개념도 사용될 수 있겠다. 물론 재사용과 재제조는 환경부와 산업통상자원부의 영역 다툼과도 연관된다. (환경부는 재사용, 산업부는 재제조)

물질재활용은 재활용 후 활용되는 용도와 방법에 따라 폐쇄형과 개방형으로 구분된다. 폐쇄형은 물질 순환의 고리가 원래 용도로 이어지는 것으로 유리병을 녹여서 다시 유리병으로 만들어서 사용하는 것을 말한다. 개방형은 다른 용도로 재활용되는 것으로 페트병을 녹여서 섬유로 만들어서 섬유제품으로 사용하는 것을 말한다. 개념적으로 폐쇄형 재활용이 자원 순환의 관점에서 더 우월한 것으로 보고 있다. 물론 그런 측면에서 재사용이야말로 가장 완벽한 폐쇄적인 물질 이용이다."

홍수열 소장의 글을 길게 인용한 것은 폐기물, 재사용, 재활용 등의 용어들에 대해 비교적 잘 정리해 놓았다고 생각하기 때문이다. 한편, 김재영과 유기영이 지은 〈재활용 도시〉라는 책에서 정리해 놓은 재활용의 세 가지 유형도 참고하면 좋을 것 같다.

"재활용에는 크게 세 가지의 유형이 있다. 남이 사용하던 물건을 다시 사용하는 방법(재사용)과 폐기물에서 제품의 원료를 회수하는 방법(원료 회수), 그리고 폐기물로부터 에너지를 얻는 방법(에너지 회수)이다. 대표적인 재사용 방법으로는 선배의 교복이나 교과서 물려받기, 소주병과 맥주병의 재사용 등이 있다. 근래에 새롭게 부상하고 있는 업사이클(upcycle)도 재사용 영역에 해당된다. 폐지에서 신문용지 추출하기, 음식물쓰레기로부터 사료와 퇴비 생산하기는 원료 회수의 대표적인 예다. 폐기물을 소각하는 과정에서 발생하는 열을 회수해 발전이나 지역난방의 열원으로 활용하는 것이나 매립가스를 이용한 발전 등은 대표적인 에너지 회수 방법이다."

홍수열 소장의 글이나 〈재활용 도시〉에서 정의한 재활용 관련 개념들을 종합해 보면 내가 종사해 왔던 분야는 재사용의 영역이었음이 분명하다. 즉 엄밀한 의미로 따지자면 물질 재활용(material recycling)이나

재활용의 유형과 대표적인 사례

구분	내용	사례
재사용	남이 사용하던 물건을 다시 사용	- 헌 옷이나 교과서 물려받기 - 중고 가전제품과 가구류 유통판매 - 중고 휴대전화와 컴퓨터 유통판매 - 소주병, 맥주병, 토너 카트리지 회수, 재사용 - 푸드 뱅크를 활용한 잉여 식재료와 식품의 회수 분배 - 폐기물의 타 용도화 또는 고가치품 소재화(업사이클)
원료 회수	폐기물에서 제품의 원료를 회수	- 폐기물에서 종이, 금속, 유리, 플라스틱 원료 회수 - 음식물쓰레기를 사료와 퇴비 원료로 활용 - 건설폐기물에서 순환골재 생산 - 폐식용유를 동물성 사료나 바이오 디젤 원료로 활용
에너지 회수	폐기물로부터 에너지 회수	- 음식물쓰레기를 발효하여 메탄가스 회수 - 폐플라스틱, 목재, 가연성분으로부터 RDF 생산 - 소각시설 폐열을 회수하여 발전, 지역난방열원으로 활용 - 매립가스를 회수하여 발전, 지역난방열원으로 활용

김재영, 유기영 〈재활용 도시〉(2013)에서 인용.

원료 회수의 영역은 아니었다는 뜻이다. 단지 우리가 통상적으로 사용하는 재활용이라는 단어를 재사용이라는 단어 대신에 썼을 뿐이다. 내가 처음 시작했던 〈재활용센터〉 사업의 재활용이라는 단어도 엄밀하게 말하면 재사용이어야 한다는 의미도 이런 맥락에서 쓰인 것이다. 따라서 이 글에서 쓰이는 재활용이라는 단어는 그런 의미에서 재사용과 동일한 의미로 쓰인다고 이해해 주길 바란다. 다만 특별히 재사용과 재활용을 구분해야 할 필요가 있을 때에는 구분해서 사용하도록 하겠다.

그런데 지금부터 내가 말하려고 하는 업그레이드 되어야 할 재활용 사업과 운동은 기본적으로 재사용의 영역에 해당하지만, 우리의 관심이 그 영역에 머물러야 한다고 말하고 싶지는 않다. 재사용 사업 영역의 시장 경쟁이 치열해져서 과거와 달리 사업 이윤이 많이 남지 않게 된 상황에서는 재사용 이외의 물질 재활용 등의 사업 영역도 고려 대상에 넣어야 할 것이기 때문이다. 물론 물질 재활용 사업도 호락호락한 것만은 아니다. 그리고 이 분야가 나의 전문도 아니다. 그러나 단순히 사업적 측면에서뿐만 아니라 자원과 에너지를 절약하고 지구 환경을 보호하는 운동적 측면에서 보자면 이런 영역도 당연히 관심의 대상이 되어야 할 것이라고 생각한다. 그 영역에서 많은 돈까지 벌수 있다면 금상첨화일 테고.

재활용 품목의 확대와 세분화

2015년 8월 12일자 서울신문에는 다음과 같은 기사가 실렸다.

"TV에서 프로야구 중계를 보다가 부러지는 배트는 어떻게 되는 걸까 하는 생각이 들었어요. 알아봤더니 우리나라는 거의 재활용이 안 되는데 일본에서는 젓가락이나 구두 주걱 같은 생활용품으로 재활용하고 있다는 거예요."

"부러진 배트를 '업사이클링'(버려지는 제품에 디자인을 더해 새로운 제품을 만드는 것)으로 부활시켜 사회 공헌에 나선 학생들이 있다. 고려대 학생들의 '비스퀘어드'(B²), 조진현(24) 씨는 비스퀘어드의 대표다. 5명으로 이뤄진 비스퀘어드는 지난해 12월부터 서울시내 고등학교, 대학교 야구부로부터 부러진 배트를 공급받아 연필꽂이, 명함꽂이, 클립홀더 등 사무용품을 만들어 판매하고 있다. 생산 관리를 담당하고 있는 안승필

(22) 씨는 11일 "한 달에 모이는 배트는 300개 정도 되고 배트 하나당 많게는 4~5개까지 제품이 만들어진다"고 했다.

판매 수익으로 야구 배트를 사서 신생 야구팀에 후원한다. 고교 야구 활성화에 기여하는 것이 비스퀘어드의 목표다. 첫 번째 지원 팀은 창단한 지 1년이 채 안 된 동두천의 신흥고 야구부다.

비스퀘어드 팀과 작업을 시작한 목공예가 박기영(44) 씨는 "학생들과 함께 좋은 일도 하고 목공예가로서 활동도 계속할 수 있어 좋다"고 말했다. 이어 "야구 배트들은 단풍나무로 만들어지는데 변형이 적은 고급 소재이기 때문에 각종 제품을 만들기에 적합하다"는 말도 덧붙였다.

조용철 기자가 쓴 이 기사는 그냥 쓰레기로 버려질 야구 방망이가 어떻게 재활용될 수 있는지를 잘 보여주는 사례라고 할 수 있다. 우리나라에서는 이렇게 부러져서 못쓰게 되는 야구 방망이가 1년에 약 1만 5,000개가량 된다고 한다. 이것을 목공예가에게 가져다주면 이른바 업사이클링의 과정을 거쳐 연필꽂이 등으로 부활한다. 목공예가 입장에서는 1년에 3,000만 원가량의 자재 값을 절약할 수 있어서 좋고, 학생들은 판매 수익을 좋은 일에 쓸 수 있어서 좋다.

이렇게 눈을 돌려보면, 그리고 조금만 생각을 달리하면 우리 주변에는 재사용하거나 재활용할 수 있는 물품이 아직도 많다는 것을 알 수 있다. 신발장에 가득 들어 있는 이제는 안 신는 신발, 아파트 한 구석에 차례로 세워져 있는 거의 사용하지 않는 자전거, 한 동안은 잘 사용했지만 이제는 별로 사용하지 않는 가정용 운동기구류, 골프 용품, 유아용품, 피아노, 전동기기와 공구류 등등……

사실 지금까지 재활용센터가 주로 취급해 온 것은 텔레비전, 냉장고, 세탁기, 가구류 등 대형 폐기물 위주였다. 그것이 비교적 손쉽게 돈을 벌 수 있는 방법이었기 때문이다. 하지만 이제는 이러한 대형 물품들 이외의 것에도 새로운 재활용 사업의 기회가 있다는 것을 말하고 싶다. 물론 부러진 야구 방망이 그 자체만으로는 돈을 크게 벌 수 있는 품목이 못 된다. 하지만 이것은 재활용할 수 있는 품목이 여러 가지 있을 수 있다는 것을 강조하기 위해 한 가지 사례를 든 것뿐이다.

김재영과 유기영의 〈재활용 도시〉에 따르면, 서울 시민들이 주택에 묵혀 두고 있는 헌 제품의 양은 어마어마하다. 전기밥솥은 약 5만 5,000대, 선풍기 26만 대, 휴대전화 약 120만 대 등이다. 집 안에 묵히고 있는 이유는 제각각 조금씩 다르다. 전기밥솥의 경우에는 배출하기 번거로워서, 진공청소기는 의식하지 못해서 또는 수수료 부담 때문에, 휴대전화는 부피가 작아 불편함이 없어서, 세탁기의 경우에는 방법을 잘 몰라서 등등 다양하다.

우리는 일반적으로 이러한 물품들을 이사를 하거나 집안 대청소를 할 때 한번씩 쓰레기로 취급해서 버려 버린다. 때로는 귀찮아서 또 때로는 이러한 물품들이 재활용될 수 있다는 사실을 잘 몰라서 그렇게 한다. 그러나 재활용 사업이나 재활용 운동을 하는 사람의 관점에서는 이러한 품목들은 향후에 다루어져야 할 중요한 카테고리다.

나의 개인적 경험을 한 가지 이야기해 보자. 한번은 이사를 가는 사람 집에서 이것저것 버리는 물품들을 수거해 왔다. 나도 한동안은 이 물건들에 대해 신경을 쓰지 못하고 있었는데, 하루는 골동품을 취급

품목	헌 제품 보관 이유	헌 제품 보관 량	비고
전기밥솥	번거로워서 등	약 5만 5,000대	소형 가전제품
진공청소기	의식하지 못해서/수수료 부담으로 등	약 8만 6,000대	
선풍기	번거로워서/의식하지 못해서	약 26만 대	
전화기	의식하지 못해서/방법을 몰라서 등	약 2만 대	
오디오	번거로워서/수수료 부담으로 등	약 10만 대	생산자책임 재활용제도 품목
세탁기	방법을 몰라서 등	약 2만 9,000대	
컴퓨터	번거로워서 등	약 15만 대	
휴대전화	의식하지 못해서/방법을 몰라서 등	약 120만 대	

김재영, 유기영 《재활용 도시》(2013)에서 인용.

하시는 분이 그 물품 중에 어떤 것을 보더니 자기에게 팔라고 하는 것이다. 그것도 수십 만 원을 주겠다면서. 나는 깜짝 놀라 그게 무엇이길래 그렇게 비싸게 사가려고 하느냐고 물었다. 그것은 인도나 열대 아프리카에서 자생하는 단단하고 무거우며 광택이 뛰어나고 검은색을 지닌 흑단(黑檀)이었다. 이른바 물에 뜨지 않고 가라앉는 나무라고 해서 피아노의 검은 건반이나, 수공예품, 가구 등에 쓰이는 귀한 물건이었다. 나는 뜻밖의 횡재(?)를 한 셈이었지만, 그 물건을 버린 사람은 귀한 물건의 값어치를 알아보지 못한 까닭에 그것을 쓰레기로 버렸던 것이다. 이 이야기를 하는 것은 우리가 재활용할 수 없다고 생각하고 무심코 버리는 쓰레기에도 우리가 알지 못하는 상당한 가치가 들어 있을 수 있다는 말을 하고 싶어서다. 물론 이 흑단의 경우는 골동품이라는 또 다른 사업 영역에 속하는 것이어서 중고품 재사용이라는 사업 영역과는 조금 다른 이야기이긴 하지만 말이다.

재활용 품목의 전문화

재활용 사업을 할 수 있는 품목이 다양해지고 세분화될수록 한 가지 품목에 전문화하는 것도 하나의 방안이다. 재활용센터와 같이 넓은 공간을 차지할 필요도 없고, 한 품목에 전문화하면 비록 규모는 작을지 몰라도 고유의 영역을 만들어갈 수 있기 때문이다. 어떤 품목을 어떻게 전문화하는 게 좋을지는 시장 상황을 보아야 할 것이다. 그 이전에 먼저 현재 중고 거래가 활발한 특화된 품목 몇 가지를 살펴보자.

먼저 책이다. 다 읽은 책을 자기 서재에 보관하면서 만족감을 느끼는 사람들도 있지만, 읽은 책이 많이 쌓이다 보면 큰 공간을 차지해서 부담이 커지게 마련이다. 특히 이사를 해야 하는 상황이 오면 책더미는 처치 곤란한 골칫덩이가 되기 일쑤다. 옛날 같으면 가까운 지역의 중고 서점에 매입 의사를 타진하거나, 팔 수 없는 책이라면 무게로 재어 헐값으로 폐지수집상에게 넘기는 경우가 많았다. 하지만 요즘에는 중고 도서를 거래하는 인터넷 서점을 이용하는 경우가 많아지고 있다. 옥션이 조사한 바에 따르면 10~60대까지 중고 시장에서 가장 많이 찾는 제품은 서적인 것으로 나타났다. 오래 전부터 중고시장이 형성되어 있었고 가격 부담이 적기 때문인 것으로 분석된다.

특히 인터넷 서점 알라딘 중고매장(http://used.aladin.co.kr/usedstore)을 찾는 사람이 많다고 한다. 여기서는 개인과 개인이 헌 책을 직접 거래할 수도 있고, 알라딘에 판매할 수도 있다. 직접 거래하려면 홈페이지에 판매할 책의 정보를 올려놓고 매수자가 나타나면 직접 배송해 주면 된다. 알라딘에 팔려면 먼저 9,800원을 내고 알라딘 전용 포장 박스인 '알라딘 중고 박스'를 구입해야 한다. 이 박스에는 단행본 크기로 20권 정도를 담을 수 있다. 이 박스를 이용해 중고 상품을 보내주면 박스 구매가를 되돌려준다. 알라딘은 오프라인에서도 중고 서적을 매입하는 매장을 여러 개 운영하고 있다.

중고 육아용품을 전문적으로 취급하는 곳도 제법 성업 중이라고 한다. '진짜 엄마의 시작'이라는 슬로건을 내걸고 2006년에 출범한 맘스다이어리(http://market.momsdiary.co.kr)는 유아용품에 대한 안심중고장터 카테고리를 따로 운영하고 있다. 임산부와 아기 엄마들이 서로 돕는 중고 유아용품 직거래 장터다. 여기에서는 유모차, 아기침대, 임부복, 젖병과 같은 출산용품, 유아의류, 장난감, 아기신발 등이 거래되고 있다. 월평균 4,000여 명이 이용하고 있고 월평균 거래액은 1억 5,000만~2억 원가량 된다고 한다.

디지털 기기는 교체 주기가 짧은 편이어서 교체성 중고 거래가 많은 품목에 해당한다. 컴퓨터나 노트북은 통상 5년가량이 교체 주기이고, 스마트폰은 약정 기간인 2년이나 3년 주기로 교체 수요가 많이 발생한다. 한국정보통신진흥협회(KAIT)가 조사한 바에 따르면 국내에서 휴대폰 한 대를 갖고 사용하는 기간은 평균 1년 7개월이라고 한다. 그만큼 휴대폰을 새로 사야 하는 상황이 많이 생긴다는 뜻이다. 특히 IT 기술의 발달로 다양한 첨단 디지털 기기가 쏟아져 나오면서 출시된 지 얼마 되지 않은 멀쩡한 제품이 중고로 나오는 일이 허다하다. 그러다 보니 디지털 기기를 전문적으로 취급하는 쇼핑몰도 많다.

휴대폰은 이미 활발하게 재활용되고 있는 전문화된 품목의 하나이다. 특히 스마트폰 출현 이후 중고 휴대폰 시장은 급속하게 발전하고 있다. 2014년 단말기유통구조개선법(일명 단통법)이 시행된 이후 단말기 지원금이 대폭 축소되면서 중고폰 시장이 급속히 팽창했다는 분석도 있다. 스마트폰 중고거래 시장 규모는 약 4조 원가량으로 추산된다고 한다. 한 해 동안 발생하는 중고 스마트폰은 현재 약 2,000만 대로 집계된다. 그중의 절반은 해외로 수출되고 나머지 절반은 국내에서 유통되는 것으로 알려졌다. 현재 우리나라 중고 휴대폰을 가장 많이 수입하는 나라는 중국으로 전체 수출 물량의 약 70%가량을 차지한다고 한다. 그 외에 베트남, 태국, 필리핀, 아프리카 국가 등으로도 수출이 되고 있다.

내가 2004년에 책을 펴낼 때만 해도 휴대폰은 그냥 버려지는 쓰레기에 불과했다. 그래서 당시에 나는 할 수만 있다면 재활용 휴대폰 백화점을 열어서 대대적인 유통에 들어가고 싶다고 피력했다. 그러나 중고 휴대폰을 구입하는 돈에 조금만 더 보태면 신제품을 살 수 있도록 유도하는 분위기에서는 그 일이 용이하지 않다는 것을 잘 알고 있었기 때문에 그 일을 시작하지 못했다. 그런데 지금은 중고 휴대폰을 대대적으로 구입해서 외국으로 수출하고 있는 업체들이 생겼고 현재 왕성하게 영업 중이라고 듣고 있다. 그중에 하나가 '폰사닷컴(http://fon4.co.kr)'이라는 회사다.

이 회사는 설립한 지 약 2년밖에 안 되었지만 연간 15만 대 이상의 중고 휴대폰을 매입하는 국내 최대의 중고폰 매입 업체가 되었다. 폰사는 '스마트폰 삽니다'의 줄임말이다. 온라인으로 먼저 시작했지만 2015년 9월 현재 전국에 90개 이상의 중고폰 및 액정 파손 휴대폰을 매입하는 오프라인 대리점을 두고 있을 정도로 확장세가 대단하다. 최근에는 '중고폰으로 돈 버는 방법'이라는 카피로 텔레비전에 광고를 하고 있기도 하다. 중고 스마트폰 매입 시장의 후발주자였던 폰사닷컴이 이렇듯 단시간 내에 중고폰 매입 시장의 선두업체가 될 수 있었던 이유는 무엇일까? 한 신문기자는 이 회사를 취재한 후 다음과 같이 그 요인을 분석하고 있다.

우선 폰사닷컴은 중고 스마트폰을 매입할 때 최고 가격을 보장한다. 일반적으로 다른 매입 업체들의 경우는 거래량이 적어서 좋은 가격으로 중고 스마트폰을 매입할 수 없으나, 폰사닷컴은 90개의 전국 대리점 망을 통한 대량 거래로 박리다매의 가격정책을 취하고 있어 다른 어느 업체보다 좋은 가격으로 중고폰을 매입할 수 있다고 한다. 실제로 중고 스마트폰 중 가장 가격이 좋은 갤럭시 s 시리즈 및 갤럭시 노트 시리즈의 중고 가격도 폰사닷컴은 업계에서 가장 높은 가격을 유지하고 있다. 아이폰의 매입 가격 또한 업계 최고 수준을 유지하고 있다.

　최근 중고폰 매입 업체들 가운데는 물건을 받고 입금을 미루는 등 고객에게 피해를 입히는 사례가 잇따르고 있다. 운영 자금조차 없는 부실기업에서 고객을 현혹하는 높은 가격으로 중고폰을 매입하고 입금은 해 주지 않는 이른바 '낚시 마케팅'을 하는 기업들도 수두룩하다는 것이다. 이러한 상황에서 폰사닷컴은 업계에서 유일하게 '당일 현금 입금' 원칙을 고수하며 신뢰를 쌓고 있다. 실제 폰사닷컴에 깨진 액정폰을 판매한 김모씨는 "폰사닷컴에 파손 액정폰을 보내고 하루 만에 도착 문자와 함께 입금이 됐다. 요즘 중고폰 사기가 많아 걱정을 많이 했던 상황에서 상당히 만족스럽게 거래를 했다"고 답변했다.

　폰사닷컴의 또 다른 인기 비결은 '높은 고객 만족도'이다. 실제 이 회사와 거래를 진행했던 블로거들의 후기나 평가를 보면 대다수가 폰사닷컴의 서비스에 높은 만족도를 나타내고 있으며 홈페이지 내의 문의하기, 후기 게시판을 확인해 봐도 높은 만족도를 나타내고 있다. 이에 대해 폰사닷컴의 김영글 팀장은 "폰사닷컴은 항상 고객에게 최대한의 이익을 주려 최선을 다한다"라고 말한다.

　폰사닷컴이 사랑 받는 또 하나의 이유는 파손 액정과 깨진 액정을 매입하는 데에 최저 차감률 정책을 진행하고 있기 때문이다. 실제 타 업체들은 이른바 '낚시'라고 불리는 높은 가격으로 고객을 유인한 후 전화 통화를 통해 가격을 크게 낮추는 식의 잘못된 영업을 하고 있으나, 폰사닷컴의 경우 정직한 가격 표시와 최저 차감률 정책으로 고객들의 신뢰도와 만족도를 높인다는 것이다. 실제 최근에는 삼성 서비

폰사닷컴 홈페이지에 들어가면 이러한 팝업 창이 뜬다

스센터, LG 서비스센터, 애플 서비스센터의 고객들을 중심으로 파손 액정 매입 서비스를 진행하고 있다.

 폰사닷컴은 온라인을 통한 원클릭 택배 서비스뿐만 아니라 국내 어디에서든 집 앞에서 중고폰을 판매할 수 있는 지점망을 갖춰 고객들이 편리하게 중고폰을 판매할 수 있는 환경을 만들었다. 실제 폰사닷컴 울산점에 중고폰을 판매한 주부 이모씨는 "얼마 전 TV 광고를 보고 중고폰을 좋은 가격에 팔 수 있다는 사실을 알게 돼 홈페이지를 가보니 집 앞에도 지점이 있어서 그곳에 가서 중고폰을 팔고 바로 돈을 받았다"고 대답했다. 실제 폰사닷컴은 고객들의 편의를 위해 전국 방방곡곡에 가맹점을 내며 고객들이 언제 어디서나 쉽게 거래를 할 수 있는 환경을 마련해 나가고 있다고 한다.

폰사닷컴의 사례를 길게 인용한 것은 재활용할 수 있는 품목 가운데 한 가지에 집중하는 전문화를 통해 재활용 사업의 업그레이드가 가능하다고 생각하기 때문이다. 자원 재활용의 모범 국가인 독일에 갔을 때 나는 다양한 그릇 종류의 재활용품에 전문화된 가게를 본 적이 있다. 앞으로 우리나라에서도 어떤 특정 품목에 전문화된 재활용 가게가 다양하게 등장하기를 기대하고 있다.

종이팩의 재활용

재사용이 아니라 물질 재활용의 사업 영역에 관해서도 잠시 이야기해 보자. 나는 이 영역에서 전문화할 수 있는 재활용 품목 가운데 하나로 종이팩을 들 수 있을 것 같다.

종이팩은 위생적으로 안전해야 한다. 우리들이 먹고 마시는 음료수와 같은 제품의 포장에 쓰이기 때문이다. 통상 종이팩은 우유나 두유처럼 살균된 제품을 포장하는 살균팩과 주스류의 포장에 사용되는 멸균팩이 있다. 살균팩은 몸체가 천연펄프와 플라스틱(무독성 폴리에틸렌 PE)으로 구성되고, 멸균팩은 천연펄프, 플라스틱, 그리고 흔히 은박지라고 불리는 알루미늄으로 구성된다. 종이팩 생산에 쓰이는 천연펄프는 매우 고급스러운 재질이다. 따라서 종이팩을 잘 회수하여 선별, 약품처리, 정선, 초지 등의 과정을 거치면 친환경 화장지로 새로 탄생한다. 만약 국내에서 사용된 종이팩을 모두 회수해 화장지를 만들면 수입 대체 효과에 의해 연간 약 650억 원의 외화를 절약할 수 있게 된다. 또 종이팩 1톤을 재활용하면 이는 20년생 나무 20그루를 심는 것과 같은 효과가 있다고 한다.

그런데 현재 종이팩은 다른 폐지와 섞여 버려지고 있는 실정이다. 일반 주택 지역은 말할 것도 없고, 분리 배출이 비교적 잘되고 있는 아파트 단지에서조차 폐지와 종이팩을 분리해서 배출하고 있는 곳은 별로 없다. 물론 최근에 와서 종이팩 분리 배출에 관한 노력들이 엿보이고 있기는 하다. 예컨대 울산시는 종이팩 재활용률을 높이기 위해 한국순환자원유통센터와 공동으로 중구, 남구, 동구를 시범 지역으로 선정하여 2015년 7월부터 12월까지 '종이팩 재활용 활성화 시범사업'을 추진하고 있다. 시민들이 종이팩을 편리하게 분리 배출할 수 있도록 종이팩 전용 비닐봉투, 전용 마대 등을 공동주택(아파트), 단독주택 단지 등에 배부한다. 또 종이팩 재활용 인식 제고를 위해 중구, 남구, 동구의 주민센터로 종이팩을 모아 오면 친환경 화장지로 교환해 준다. 이런 노력들이 각 지자체에서 계속되고 있기는 하다. 하지만 현재 우리나라의 종이팩 재활용률은 30% 초반에 그쳐 매우 미흡한 실정이다.

종이팩은 일반 폐지와 다르게 취급되어야 한다. 종이팩은 안쪽과 바깥 면이 비닐로 코팅되어 있기 때문에 일반 폐지와 섞이게 되면 재활용이 잘되지 않는다. 따라서 종이팩은 일반 폐지와 별도로 분리 배출되어야 하고 이 종이팩은 그것을 주로 활용하는 전용 제지회사에서 재활용되어야 한다. 물론 여기에는 기본적으로 정부의 정책도 뒷받침되어 하겠지만, 종이팩만을 전문적으로 취급하는 재활용 사업 영역도 멋진 상상력을 발휘하면 가능하지 않을까 싶다. 이런 분야에 젊은이들의 창의적 도전이 필요하다고 생각한다.

이를테면 미국의 '테라사이클(Terracycle)'이라는 회사의 경우를 보면 어떤 아이디어를 얻을 수 있지 않을까 싶다. 이 회사는 조금 있다가 이야기할 업사이클링과도 연관이 있다. 테라사이클(www.terracycle.com) 홈페이지에 들어가 보면, "쓰레기라는 개념 자체를 없앤다(Eliminating the Idea of Waste)"라는 슬로건이 나타난다. 이 회사는 매립지나 소각장으로 향할 쓰레기들을 모아 재활용하거나 업사이클링 하여 재판매 하는 사회적 기업이다. 재활용이 불가능한 물품이란 없다고 믿는 기업이다. 상식적으로 보면 재활용이 되지 않는 폐기물을 소비자와 생산자의 자발적 참여로 재활용하겠다는 목표를 세우고 실제로 이것을 구현하고 있다. 이 회사의 비즈니스 모델은 다음과 같다.

브리게이즈(Brigades)라고 불리는 '전국적 수거운동'을 통해 시민들로 하여금 쓰레기를 모아오도록 한다. 그리고 식음료 대기업 등과 파트너십을 맺는다. 예를 들어 어떤 특정 회사의 주스팩 쓰레기 수거운동을 펼친다면 이 주스를 생산하는 회사와 파트너십을 맺는 것이다. 이 경우 이 대기업은 자신이 만든 주스 제품의 쓰레기를 모아오는 대가로 테라사이클에게 비용을 지불한다. 그리고 테라사이클은 수거한 쓰레기를 활용하여 가방 등의 새로운 제품으로 업사이클링 한다. 기업 입장에서는 수거운동을 통해 기업 이미지를 관리하는 효과를 누릴 수 있고, 쓰레기를 모아온 시민은 자신이 수거한 쓰레기에 대한 소액의 기부금을 받아 자기가 원하는 학교나 단체에 기부할 수 있다.

종이팩이 업사이클 제품으로 다시 탄생해서 소비되는 선순환 구조의 산업생태계는 이렇게 만들어질 수 있다. 테라사이클은 소비자와 생산자를 모두 만족시키면서 자신들만의 시장을 창출한다. 우리나라의 포장재 생산자책임재활용제도가 유럽식 체계에 바탕을 두고 있다면, 테라사이클 모델은 미국식 창의성이 개입된 미국식 모델이라고 할 수 있겠다.

2001년에 창립된 테라사이클은 이러한 업사이클링을 통해 2009년부터 전 세계로 진출하여 지금까지 총 20개국 이상에서 수많은 대기업과 파트너십을 맺고 브리게이드를 펼치고 있다. 홈페이지에 나타나 있는 숫자를 보면, 2015년 10월 현재까지 브리게이드에 참여한 시민 숫자는 약 3,167만 명, 수거된 쓰레기 개수는 27억 2300만 개, 기부금은 768만 달러가 넘는다. 2012년에는 세계 최초로 담배꽁초의 리사이클링 프로그램을 출범시켰다. 캐나다에서 처음 시작했는데 곧이어 미국과 스페인으로 확산됐다. 2014년에는 회사 내에 '쓰레기 제로 상자(Zero Waste Box)' 부문을 출범시키고 커피를 담는 작은 플라스틱 용기에서부터 링이 세 개인 바인더에 이르기까지 거의 모든 형태의 쓰레기에 리사이클링 해법을 적용시키려는 노력을 하고 있다.

그런데 테라사이클이라는 회사가 만들어지게 된 배경 이야기가 재미있다. 2001년 당시 우리 나이로 20살이던 프린스턴대학교 신입생 톰 쟈키(Tom Szacky)는 친구 집에 놀러 갔다가 붉은 지렁이에게 부엌의 음식물 쓰레기를 먹이고 있는 친구를 발견했다. 그리고 그 지렁이는 음식물 쓰레기를 먹은 후 배설물을 내놓았는데, 그 친구는 이 배설물을 실내용 식물을 키우는 데 비료로 사용하는 것이었다. 그는 여기에서 테라사이클을 창업해야겠다는 아이디어를 얻는다. 즉, 음식물 쓰레기에서 고품질의 천연 비료를 만들 수 있으리라는 생각, 쓰레기라는 개념

테라사이클 창업 아이디어의 계기가 된 붉은 지렁이

자체를 없앨 수 있겠다는 아이디어가 섬광처럼 스쳐 지나간 것이다.

그는 은행에서 인출한 자기 돈과 친구와 가족들에게서 빌린 돈을 합하고 신용카드를 긁어 자금을 최대한 마련한 다음 지렁이 똥(Worm Poop)을 대량으로 생산하기 위한 장소를 마련했다. 그는 프린스턴대학교 식당 뒤쪽에서 썩어가는 음식물을 삽으로 퍼내는 데 많은 시간을 보냈다. 음식물 쓰레기를 활용하여 지렁이 배설물을 대량으로 생산하고, 이를 재활용 페트병에 담아 판매하기 시작했다. 첫 번째 엔젤 투자자를 만나 프린스턴에 첫 번째 사무실을 빌릴 수 있었다. 그는 더럽다고 생각할 수도 있지만 지렁이 똥이라는 점을 오히려 부각하는 마케팅을 펼친 결과 2004년에는 홈데포(Home Depot)와 월마트(Walmart)와 같은 대형 마트에 제품을 납품할 수 있게 된다.

나도 쓰레기 더미에서 황금알을 캐냈다고 할 수 있지만, 테라사이클과 같은 회사 사례는 재활용 산업의 향후 나아갈 방향에 중요한 시사점을 준다.

재활용 사업의 온라인, 모바일화

앞에서도 이야기했듯이 중고물품의 거래나 재활용 사업의 온라인화는 이미 엄청나게 빠른 속도로 진행 중이다. 이제 온라인은 우리의 일상생활이 되어 버렸다. 한 조사에 따르면 중고품 거래 시장 규모는 2013년에 약 11조 원에 달했고 이 가운데 80%가 온라인을 통해 이뤄진 것이라고 한다. 이 수치는 중고 자동차 거래 규모는 제외한 것이다. 네이버와 같은 포털 사이트는 물론, G마켓이나 옥션과 같은 기존의 대형 쇼핑몰이나 오픈 마켓은 대부분 중고품만 따로 판매하는 카테고리를 만들어 놓고 있다. 또 각종 커뮤니티는 그들대로 중고품을 사고 팔 수 있는 마당을 펼쳐놓고 있다.

온라인 시장에서 중고물품의 거래 규모가 큰 곳 중 하나인 네이버의 '중고나라' 카페(café.naver.com/joonggonara)는 회원 수가 1,400만 명에 달한다. 우리나라 인구의 30%가량이 회원으로 가입한 셈이다. 이곳에는 전자제품, 의류, 육아용품, 가구, 자동차, 산업용품까지 실생활에 필요한 거의 모든 물품이 등록되어 있다. 법으로 금지될 만한 물건이 아닌 한 전부 거래가 가능하다고 볼 수 있을 정도이다.

포털 사이트 다음도 온라인 직거래 중고 장터를 운영하고 있는데 2015년 10월 현재 회원 수가 204만 명에 달한다. 여기에도 의류, 잡화, 미용, 유아, 모바일, 컴퓨터, 카메라 가전제품, 음향기기 & 악기, 가구, 도서, 스포츠 & 취미용품 등의 카테고리가 만들어져 있다.

SK그룹의 SK플래닛이 만든 오픈 마켓 11번가도 중고 물품을 거래할 수 있는 '중고스트리트(http://www.11st.co.kr/secondhand)'를 별도로 운영하고 있다. 여기서는 특히 개인이 보유한 디지털·레저 분야와 명품 분야의 중고 상품을 현금으로 매입하는 서비스를 진행하고 있다. 2014년 말 기준으로 판매자 수는 3만 명을 넘었고 판매물품 수는 100만 개 가까이 된다. 2013년과 비교하면 50%가 늘었다고 한다. 11번가는 "경기 불황이 지속되면서 생활물품 대부분을 중고로 구매하는 사람이 늘어났다."며 "전통적으로 중고 상품은 노트북, 휴대폰, 생활가전 등을 중심으로 거래됐지만 최근 서적, 의류, 가전제품, 유아용품 등 다뤄지는 상품 영역이 확대되는 추세"라고 밝히고 있다.

디지털 기기 전문 쇼핑몰인 '다나와(http://shop.danawa.com)'는 PC, 모니터, 노트북, 부품 등의 중고 상품 전용 장터인 '다나와 중고마켓'을 별도로 운영하고 있다. 여기서는 모든 제품을 꼼꼼하게 세척하고 외관을 교체해 새것같이 깨끗한 제품을 판매하고, 중고업계 최초로 3개월 무상 방문출장 A/S와 판매점 자체 A/S를 제공하는 등 차별화를 시도하고 있다. 또 7일 이내에 문제가 생기면 100% 환불도 해 준다.

11번가의 중고스트리트에서 진행하는 디지털/레저 및 명품 분야 현금 매입 서비스

그런데 스마트폰이 등장하면서 온라인은 모바일로 옮겨 가고 있다. 온라인 상에서 중고품 거래 장터를 제공하고 있는 대부분의 회사가 모바일 시대에 발맞춰 전용 앱(App: Application)을 내놓고 있다. 그런가 하면 중고 상품만을 전문적으로 거래하도록 도와주는 중고품 전용 앱도 꽤 많이 찾아볼 수 있다. 그중에 '번개장터'는 인터넷 사이트들의 순위를 매기는 랭키닷컴이 2014년 결산 기준으로 평가한 모바일 중고 쇼핑 앱 순위에서 1위를 차지해 주목을 받고 있다.

2010년 10월에 처음 서비스를 선보인 번개장터는 PC 앞에서만 하던 복잡한 중고 거래를 이제 언제, 어디서나 편하게 할 수 있도록 하겠다는 취지로 중고 거래 앱을 만들었다고 밝히고 있다. 또 사용자의 눈높이에 맞춰 불필요한 개인정보를 입력할 필요 없이 간편하게 회원으로 가입할 수 있도록 하여 차별화를 시도하고 있다. 아울러 개인 간의 거래에서 전화번호와 같은 개인정보가 유출될 수 있다는 우려를 없애기 위해 판매자와 구매자를 바로 연결해 주는 채팅 기능인

'번개톡' 등의 서비스를 제공하고 있다. 이처럼 번개장터의 강점은 중고 거래에 최적화된 기능을 앱 상에 구현했다는 점이다. 그래서인지 번개장터의 누적 다운로드 수는 600만 건이 넘었고, 등록된 물품 수는 3,500만 개가 넘을 정도이다.

한편 지난 2013년 번개장터를 서비스하는 퀵캣이라는 스타트업 회사의 지분 51%를 네이버가 인수함으로써 최대 주주가 되어 주목을 끌었다. 네이버는 번개장터 서비스에 필요한 채팅 검색 등 인프라와 기술을 지원하고 네이버가 보유한 서비스 노하우 및 전자상거래 관련 사업 경험을 공유함으로써 사용자들에게 좀더 나은 서비스를 제공하겠다고 밝히고 있다. 두 회사는 온라인상의 중고 거래 이용자들을 흡수해 모바일 중고 거래 시장을 활성화하고, 해외 시장으로까지 사업을 확장해 장기적인 수익을 창출해 낼 것으로 기대되고 있다. 다만 2015년 2분기에 번개장터에서 발생한 인터넷 사기 피해 건수가 795건에 달한다는 뉴스가 나오는 등, 사기 피해 가능성의 문제에 대한 대처도 필요한 것으로 보인다. 물론 인터넷 사기는 모든 개인 간의 직거래 사이트나 앱에 적용되는 문제이기는 하지만 말이다.

전문 판매자가 아닌 개인 간의 중고품 직거래 장터인 '헬로마켓'이라는 앱은 중고 장터 앱 중에서 이용자들 사이에 가장 높은 평가를 받고 있는 앱이라고 한다. 개인이 쓰던 중고 상품을 올리면 가장 빨리 팔리기로 유명해 최근 사용자가 크게 늘어나고 있다고 한다.

사용자 간에 속일 수 없는 에스크로 안전결제 기능이 탑재되어 있고, 직거래를 도와주는 정확한 위치기반서비스(LBS)를 제공하고 있어 사용자들이 안심할 수 있다는 게 특징이다. 특히 판매자의 경우 스마트폰으로 사진을 찍어 물품을 바로 올릴 수 있어 아이템 등록이 쉽고 빠르다는 점, 구매자는 사고 싶은 아이템의 키워드를 등록해 놓으면 푸시 알림 서비스를 받을 수 있는 점 등은 사용자들을 편리하게 만든다. 아울러 사용자별 아이템이나 커뮤니티 활동을 확인할 수 있는 나만의 개인화된 공간이 회원으로 가입할 때 자동으로 생성되고, 문자, 이메일, 통화, 카톡 등도 지원되기 때문에 커뮤니티로서도 만족감을 준다. 헬로마켓 앱에 들어가면 2015년 10월 현재 누적 등록된 아이템 수가 1,000만 개를 넘어섰다.

재미있는 것은 재능 공유 카테고리가 있다는 점이다. 이 카테고리 안의 '해 드립니다' 코너에 들어가 보면, '아침마다 전화해서 깨워 주는 모닝콜을 해 주겠다'거나 '파워포인트 문서를 만들어 주겠다'는 가벼운 심부름부터 '취미로 그림을 배웠는데 초상화를 그려 주겠다는 무료 재능 나눔이나 '영어를 가르쳐줄 테니 중국어를 가르쳐 달라'는 재능 교환 제안까지 있다. 헬로마켓의 한 관계자는 "헬로마켓이 처음 문을 열었을 때엔 중고 장터로만 이용됐지만 중고 거래가 반복되면서 사용자들이 나름의 문화를 만들었다. 미국에선 개인 간 거래 시장이 점점 커지면서 공유 경제나 중개업자를 대신할 수 있는 서비스를 추구하는 방향으로 중고 시장이 발전하는데 한국도 그 시장을 따라갈 것으로 기대한다. 중고 시장을 통해 재능을 공유하거나 물건을 판다고 해도 거기에 담긴 이야기를 나누는 식으로 중고 장터가 발전해 갈 것"이라고 말했다. 단순히 쓰던 물건을 사고파는 게 아니라 그 속에 이야기와 스토리를 담으면 그 중고품에는 새로운 가치가 부여된다. 나는 이런 중고 장터가 꼭 있어야 한다고 생각해 왔는데, 헬로마켓이 그것을 선도하고 있는 것 같아 기대가 크다.

'중고몬'이라는 앱도 재미있다. 2015년 4월에 오픈한 이 앱은 여러 온라인상에 등록되어 있는 중고품을 통합해서 검색해 준다. 현재는 헬로마켓, 번개장터, 네이버 중고나라, 옥션, G마켓, 네이버 초캠(캠핑 장비 거래 사이트), SLR 클럽(카메라), 뽐뿌, 셀잇 등 9개 사이트의 중고품만 검색되지만 앞으로도 계속 추가해 나가고, 해외 중고품들도 추가해 나갈 계획이라고 한다.

중고몬 앱의 화면

이 앱을 만든 소나클로라는 회사는 중고 거래를 하다가 열을 받아서 이 앱을 만들었다고 한다. 중고 거래를 할 수 있는 곳이 매우 많은데, 이곳저곳 찾아다니는 게 불편해서 중고품을 통합해서 검색할 수 있는 앱을 만들었다는 것이다. 이 앱의 핵심 기능은 상세 검색에 있다. 위에서 말한 9개 사이트 전체를 한꺼번에 검색할 수도 있고 몇 개만 지정해서 할 수도 있다. 또 원하는 카테고리나 가격 범위를 지정할 수 있고 비슷한 검색어가 나오는 것을 막기 위해 제외 단어를 입력하는 기능도 있다. 이 앱의 장점 중의 하나는 알림 등록 기능이다. 예컨대 사고 싶은 중고 상품을 미리 등록해 놓으면 여러 사이트에서 이 상품이 올라오는 즉시 알려준다.

그런데 사실 내가 처음 제안해서 시작된 재활용센터들은 이러한 흐름에 별로 동참하지 못하고 있는 실정이다. 물론 앞에서 말했듯이 일부 재활용센터들이 공동으로 인터넷 사이트를 만들어 정보도 공유하고 있지만, 전국에 걸쳐 활동 중인 재활용센터들을 묶어서 통합할 수 있는 온라인상의 매개체는 아직 없다. 그래서 나는 이번 기회에 이러한 통합 온라인을 구축하거나 관련 모바일 앱을 개발할 수 있는 전문가나 회사와 힘을 합쳐 다소 침체에 빠진 재활용센터들의 활력을 되찾게 하고 싶다. 재활용센터는 지자체로부터 위탁을 받아 운영되는 곳이 많다. 따라서 상대적으로 공신력이 있는 편이다. 다만 마케팅 능력이 상대적으로 부족해 좀 더 많은 고객에게 다가가지 못하고 있는 게 현실이다. 각 자치구별로 대표적인 재활용센터들을 엮고 재활용품에 관한 정보를 온라인과 모바일로 언제 어디서나 검색할 수 있게 만든다면 재활용 사업의 새로운 도약이 가능하다고 본다.

앞에서 중고천하라는 사이트가 건실하고 신용 있는 중고 재활용 업체를 발굴, 육성하여 업체 발전을 이끌고 소비자들에게는 신속하고 신뢰할 수 있는 재활용품 정보를 제공하는 시스템을 구축하겠다고 했으니 앞으로 잘되기를 지켜볼 일이다. 사실 재활용센터를 묶을 수 있는 저인자는 재활용 센터를 맨 처음 시작했던 내가 살할 수 있고 해야 하는 일이라고 생각한다. 온라인과 모바일 방면에 기술력을 가지고 있으면서 재활용 사업에 관심 있는 분들이 적극적으로 나서 준다면 나는 당연히 이분들을 도와 재활용 사업의 업그레이드에 동참할 것이다.

업사이클링에 주목하자

 1993년 어느 날, 스위스 취리히의 젊은 그래픽 디자이너 마커스(Markus)와 다니엘(Daniel) 프라이탁(Freitag) 형제는 자신들의 디자인 작품을 담을 가방을 찾고 있었다. 취리히 시민들은 시내에서 자전거(그들은 이것을 velo라고 불렀다)를 타고 다니는 것이 일상화되어 있었고 프라이탁 형제들도 예외가 아니었다. 다만 비가 오면 가방이 비에 젖고 따라서 내용물도 비에 젖는다는 게 문제였다. 프라이탁 형제는 자신들의 디자인 작품을 보호할 수 있는 튼튼하면서도 기능적이고 방수가 되는 가방(메신저 백)을 찾고 있었다.
 그러던 어느 비 오는 날 자신들의 주거지 앞을 가로지르는 고속도로 위로 색깔도 화려한 방수천(tarpaulin)을 씌운 채 달리고 있는 대형 트럭을 발견했다. 그들은 이 트럭의 방수천에서 영감을 얻어 낡은 방수천의 일부를 잘라내 자신들의 가방 소재로 활용했다. 그리고 가방을 둘러메기 위한 벨트로는 중고 자동차의 안전벨트 띠를 활용했고, 중고 자전거 타이어의 안쪽 고무 튜브로 가방의 테두리를 장식했다. 프라이탁 형제는 처음에는 이처럼 개인적 필요에 의해 가방을 만들었다. 초창기에는 몇몇 친구와 지인들에게 판매하다가 운 좋게도 여기저기서 주문이 들어오면서 이제는 150명의 직원을 거느린 회사로 키웠다. 그 유명한 스위스 업사이클링 업체 '프라이탁' 이야기이다.

현재 프라이탁은 크게 2개의 가방 라인을 생산하고 있다. 하나는 약 40개의 모델을 가진 기본(Fundamental) 라인이고, 또 다른 하나는 2010년부터 생산하고 있는 약 15개의 모델을 가진 추천(Reference) 라인이다. 프라이탁은 매년 약 35만 개의 제품을 생산, 직영 중인 10개의 가게와 전 세계적으로 파트너십을 맺은 약 460개의 오프라인 소매점 및 온라인을 통해 제품을 판매하고 있다.

프라이탁이 성공하거나 사회적으로 주목을 끌 수 있는 요인으로는 다음 3가지가 특기할 만하다. 첫째, 업사이클을 통해 환경을 보호한다. 둘째, 착한 소비를 통해 사회에 기여한다. 셋째, 모든 제품은 지구상에서 단 하나뿐이며 한정판으로 만든다. 물론 제품 자체의 실용성이나 디자인은 기본적으로 중요한 요인이다.

낡고 오래되어 버려지는 트럭용 방수천이나 에어백, 자동차 안전벨트 등을 재활용해 가방을 만들고 있는 스위스 브랜드 프라이탁은 이처럼 업사이클링을 통해 명품 반열에 올랐다. 업사이클링이란 업그레이드와 리사이클링의 합성어이다. 기존에 버려지는 제품을 단순히 재활용하는 차원을 넘어서 디자인을 가미하는 등 새로운 가치를 창출하여 새로운 제품으로 재탄생시키는 것을 말한다. 재사용이나 리사

프라이탁 공장 모습=프라이탁 홈페이지에서 사진 캡처

이클링에서 한 걸음 더 나아간 상위 개념으로, 새로운 가치를 더한다는 의미에서 업그레이드된 재활용이라고 할 수 있다.

김재영과 유기영의 〈재활용 도시〉에 따르면, 업사이클은 다운사이클의 반대 개념이다. 일반적으로 폐기물로부터 자원을 회수할 때에는 본래 용도보다 가치가 하락된 형태로 이루어진다. 예컨대 품질 면에서 재사용하기도 곤란한 중고 가죽소파의 경우, 그 처리 방법은 소재별로 분리해 판매하거나 쓰레기로 처리하는 것이다. 가죽소파를 해체하면 목재나 철재, 가죽, 완충용 합성수지 정도로 분해되고 이들은 소재별로 돈을 받고 판매될 것이다. 쓰레기로 버릴 경우에는 당연히 비용을 지불해야 한다. 결국 가죽소파를 물질로 회수하게 되면 본래 가치에 훨씬 못 미치게 활용된다. 이것이 다운사이클이라 불리는 이유이다. 그런데 회수한 목재로 새로운 가구를 만들거나, 회수한 가죽으로 가방이나 지갑을 만든다면 가죽소파는 새로운 제품의 원료가 되고 가격도 고물로 처분되던 물질 회수와는 달리 더 높게 받을 수도 있게 된다. 특히 여기에다 세상에 하나밖에 없는 디자인이라는 요소까지 가미된다면 그것은 예술작품으로도 인정받을 수 있게 된다. 당연히 쓰레기도 줄고 새 가죽소파를 만들기 위한 천연자원의 새로운 채취도 별로 없게 되니 환경적으로 재사용에 버금가는 효과를 기대할 수 있다.

버려지는 것들에 디자인이라는 창의적 요소를 가미해 업사이클 제품으로 재탄생시키는 해외 업체 사례는 많다. 영국의 'Worn Again'이라는 회사는 낡은 항공기의 좌석 커버 등을 활용해 핸드백을 만들고 있다. 이 회사는 더 나아가 섬유류 쓰레기 문제를 새로운 기회로 만들기 위한 획기적인 해법을 끊임없이 모색하고 있다.

핀란드 업사이클링 업계의 선두 주자 '글로베 호페(Globe Hope)'라

Globe Hope의 업사이클링 제품들

는 회사는 군복이나 작업복, 광고 현수막, 보트 돛과 같은 독특한 소재를 이용해 의류와 가방, 신발, 액세서리 등을 만들고 있다. 이 회사는 2001년 핀란드의 패션 디자이너 세이야 루깔라가 설립했는데, 그녀는 패션 유행이 바뀔 때마다 엄청난 양의 재료가 반복해서 생산되고 폐기되는 것에 염증을 느껴 지속 가능성과 친환경성을 추구하는 이 회사를 설립했다고 한다. 글로베 호페는 모든 제품에 그 물품의 소재나 원재료가 어디에서 왔는지를 알려 주는 태그를 붙여 놓는다. 예컨대 "나는 스웨덴 군인의 군복이었습니다"라든가 "나는 공군의 낙하산이었습니다"라고 말이다. 어떤 의미에서 그 제품에 역사와 스토리를 담고 있는 셈이다.

독일의 'Zweitsinn'이라는 회사는 폐목재를 활용해 생산된 가구를 판매하고 있다. 독일에서는 연간 약 700만 톤가량의 가구가 폐기 처분되는데, 이 가운데 90% 정도는 소각되거나 매립되고 약 5~10%만이 재사용되거나 재활용된다고 한다. Zweitsinn은 이러한 폐목재를 재활용하기 위한 독일 도르트문트 공대 환경연구소(INFU)의 프로젝트에서 출발했다. Zweitsinn은 독일에서 이른바 리자인(리사이클링과 디

Zweitsinn에서 만든 리자인 가구들

자인의 합성어) 가구의 선구자로 불린다.

그런데 Zweitsinn은 다른 리자인 가구 업체들과 차별화되는 점이 있다. 즉 다른 업체들 제품은 대부분 디자이너의 예술적 작품으로 인식되고 고가인 경우가 많아 소비자들도 일부 고객에 국한된다고 한다. 따라서 제품 생산도 예술 작품처럼 소규모로 이뤄진다. 이에 반해 Zweitsinn은 8명의 가구 디자이너를 비롯하여 수공업자, 제조업체, 학생들의 네트워크 형식으로 운영되고 있으며 그 인원은 600명에 달한다고 한다. 따라서 비교적 대량 생산이 가능하고, 실제로 리자인 가구를 시리즈로 제작하여 판매하고 있다. 그러면서도 고객의 다양한 취향을 고려해 디자인적인 요소를 가미하고 있다.

우리나라에서도 헌 옷가지로 인형을 만들고, 낡은 현수막으로 장바구니나 손가방을 만들며, 산업폐기물로 버려지던 소재를 이용해 지갑 등을 생산하거나, 빈병으로 공예품을 제작하는 등의 다양한 업사이클 활동이 이루어지고 있다.

최근 MBC 뉴스에서는 이런 기사가 방송되었다. 매년 부산 해운대 앞바다에는 수많은 파라솔이 깔린다. 그런데 약 8천 개의 파라솔 중 20%인 1천 5백 개가 버려진다고 한다. 버려지는 이유는 비를 맞아서 파라솔 천에 곰팡이가 피거나, 혹은 파라솔 봉에 녹이 슬거나 등 여러 가지다. 못쓰게 된 파라솔을 소각, 폐기하는 비용도 만만치 않다. 이에 착안해 부산 마을기업 '에코에코'는 버리는 파라솔을 재활용해 가방을 만들었다. 에코에코가 만든 가방은 기존의 업사이클 패션 아이템처럼 하나하나 개성이 넘친다. '해운대'라고 큼지막하게 한글이 들어간 가방이 있는가 하면, 편의점 '패밀리 마트(Family Mart)' 로고가 디자인 요소가 되기도 한다.

'에코파티메아리(http://www.mearry.com)'는 재단법인 아름다운 가게가 국내 최초로 출시한 업사이클 디자인 상품 브랜드이다. 현재 같은 이름의 온라인 몰을 운영하고 있다. 아름다운 가게에 기증된 물품 중에서 재사용이 어려운 일부 의류 등의 활용을 어떻게 하면 좋을까 고민하다가 이 물건들을 소재로 해서 재활용한 디자인 제품을 만들게 되었다고 한다. 브랜드 속에 파티라는 단어가 들어간 것은 파티처럼 즐겁게 환경을 지켜나가자는 의미와 함께, 숨은 곳에서 노력하는 환경 지킴이들이 모여 사회를 위한 유익한 집단이 되자는 두 가지 의미를 담고 있다.

에코파티메아리의 디자인을 개발한 '리블랭크(http://reblank.com)'는 지구촌 환경을 생각하는 패션잡화 디자인 회사이다. 버려진 가죽, 방수천 등을 활용해 가방, 파우치, 카드 지갑, 여권 케이스 등을 생산하고 있다. 버려지고 낭비되는 폐자원에 업사이클링을 통해 새 생명을

 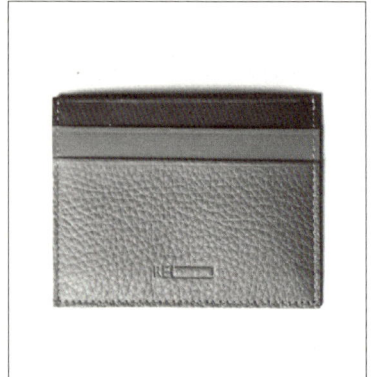

리블랭크의 업사이클링 제품들

부여함으로써 새로운 감성과 가치를 만들고 실천하는 예술 분야 사회적 기업이라고 스스로를 소개한다. 2008년부터 자원 순환을 실천할 수 있는 디자인 제품을 지속적으로 개발하고 있으며 홈페이지나 쇼핑몰에서 이 제품들을 판매한다.

  리블랭크라는 브랜드는 다시(Re)라는 접두사와 무한한 가능성을 내포하고 있는 단어 'Blank'의 조합으로, 순환(Re)의 의미가 담긴 일상에 쓰이는 모든 언어를 리사이클링 작업으로 끌어옴을 뜻한다고 한다. 또 독창적인 디자인 작업과 함께 발상의 전환을 실천하여 제3의 리사이클링 언어를 만들겠다는 의지도 담고 있다고 한다.

  그런가 하면 2015년 10월 9일에서 18일까지 서울 청계천에서는 '청계천 업사이클 페스티벌 류(流)'가 열렸다. 순수 미술부터 디자인, 퍼포먼스까지 다양한 분야에서 업사이클을 주제로 작업을 해 온 아티스트들과 단체들이 청계천에 모여 자신의 작품을 선보이는 행사다. 포장 상자를 이용해 만든 작품, 버려진 LP판을 활용해 만든 설치물 등이 전시되었다. 사회적 기업 '두 바퀴 희망자전거'는 재활용 자전거로 만든 대형 구조물을, 광명 업사이클 아트센터는 폐 CD를 활용한 작품을 선보였다. 이번 페스티벌을 주최한 사회적 기업 '위누'는 이번 페스티벌을 통해 많은 사람이 업사이클의 의미를 되새기고 예술가들에게도 큰 관심을 가져주기를 바란다고 말했다.

그러나 우리나라의 업사이클 활동에는 여전히 어려움이 많다. 돈을 벌 수 있는 사업적 아이템으로도 아직은 여건이 조성되어 있지 못하다. 업체들은 대부분 영세해서 정부로부터 인건비를 지원 받는 사회적 기업 형태로 운영되는 경우가 많다. 다음 사례를 보자.

고양시 주엽동에 가면 두레협동조합의 '함께하는 가게'라는 곳이 있다. 이곳에서는 이른바 업사이클링 제품을 판매하고 있다. 두레협동조합은 처음에 각 가정에서 쓰지도 버리지도 못하는 물건을 기부 받아 필요한 사람들에게 저렴한 가격으로 판매할 수 있는 매장을 개설했다. 두레협동조합은 '기부 천사 백'이라는 수거 가방을 제작해 지역 주민들에게 배포했고 책부터 각종 의류, 모자, 신발, 그릇 등 다양한 물품들을 수거했다. 어느 날 기부 받은 물건들을 정리하다 보니 가장 많이 들어오는 물품이 청바지란 것을 알게 됐고 이것이 업사이클링 시작의 계기가 되었다. 청바지는 유행에 민감한 의류여서 유행이 지나버리면 거의 새 것과 같은 품질임에도 옷장 속에 고이 모셔두는 경우가 많다. 옷장 속에 있다가 기부된 질 좋은 청바지들은 업사이클링 제품의 주재료가 됐다. 조합측은 핸드메이드 물품을 만드는 공방작가들에게 제품을 의뢰했고 필통, 파우치, 앞치마 등 다양한 물품을 만들었다. 자칫 폐기 처분될 수 있었던 청바지들은 작가들의 손을 거쳐 또 다른 새 제품으로 탄생했다. 이것이 '에코진'이라는 브랜드다. 하지만 물품을 판매해도 수익이 남지 않았다. 수익을 바라며 시작한 일은 아니지만 직원을 고용해 인건비를 지급해야 하는데 그마저도 여의치가 않았다. 좋은 뜻으로 모인 조합원들이 만든 가게가 1~2년 만에 사장되는 것을 막기 위해 방법을 찾던 중 예비 사회적 기업 지원제도를 접하게 됐고 이를 신청했다. 두레협동조합의 단기적 목표는 업사이클링 제품의 의미 있는 매출을 올린다는 것이다. 단순히 매출을 올리는 것이 주가 아니라 업사이클링의 의미에 대해 사람들이 공감한 제품이 판매되길 바란다는 뜻이다.

이 사례에서 보듯 업사이클링 활동이나 관련 사업은 우리나라에서 아직 걸음마 수준인 것이 사실이다. 김재영과 유기영의 〈재활용 도시〉에 따르면 업사이클 업계가 가장 아쉬워하는 부분은 폐기물을 소재로 한 제품을 만들 전문 디자이너의 부족, 소재 확보의 어려움과 저렴한 작업장의 부족 등이다. 업사이클 제품을 판매하는 사람의 입장에서 보면 우리나라 소비자들의 인식 부족도 제품 판매 확대에 걸림돌이다. 전문 디자이너를 육성하기 위해서는 여러 여건이 성숙되어야 할 것이다. 우선 소재 확보라든가 작업장 확보 문제가 해결되어 업사이클 사업장이 여러 개 생긴다면, 이곳을 전문 디자이너를 육성할 교육장으로 쓸 수 있을 것이다. 소재를 확보하려면 소재가 발생되는 곳이 어디인지 확인하고, 이를 기증 받거나 싼 값에 구매하여 수거해야 한다. 수거 업체는 이 소재를 필요한 경우 세척하거나 가공하여 최종적으로 업사이클 업체에 공급하게 된다.

그런데 업사이클 제품 판매가 활성화되지 않은 상황에서 이러한 소재 수거나 가공 사업이 자생적으로 형성될 만큼 수익성이 있겠느냐 하는 문제가 도사리고 있다. 내가 과거 재활용센터 사업을 처음 시작했을 때에도 사실 이와 유사한 우려가 있었으나 그때에는 예상 외로 성공을 거두어 나도 놀란 적이 있지만, 지금 업사이클링 사업이 그 당시처럼 예상 외의 성공을 거둘 것이라고 장담하기는 어려울 것 같다. 결국 정부나 지방자치단체가 업사이클링의 조기 정착을 위해 많은 정책적 고려와 도움을 주어야 한다고 강조하고 싶다.

안심하고 작업할 수 있는 공간의 확보도 정부의 관심 없이는 쉽지 않다. 마치 내가 재활용센터 사업을 시작할 때 울산시에 제안하여 넓은 공간을 확보할 수 있었던 것처럼 말이다. 민간이 스스로의 힘으로 하기에는 적정 가격에 건물을 임대하기도 쉽지 않고, 취급하는 소재가 불결하다며 임대 자체를 거부당하는 경우도 있을 수 있다. 업사이클이 우리 사회에 정착되려면 적어도 황학동의 중고 물품 상가, 답십리의 고미술품 상가와 같이 전문 상가를 형성할 정도로 자생력을 가질 수 있어야 하며, 그러한 시기가 빨리 도래하도록 공공 부문의 적극적 관심이 절실하다고 생각한다.

그런 의미에서 서울시가 발표한 업사이클링 센터 조성 사업은 환영할 만하다. 서울시는 2015년 4월 장안평 일대를 '서울재사용플라자'(성동구 용답동 중랑물재생센터 부지 내)를 중심으로 중고차 매매시장, 중랑물재생센터, 하수도박물관 및 공원이 어우러진 국내 최대의 재활용·재사용·업사이클 타운으로 조성한다고 발표했다. 이 가운데 '서울재사용플라자'(가칭)는 국내 최초, 최대 규모로 조성되는 재사용·재활용 허브이자, 아직 국내에서는 걸음마 단계인 업사이클링 산업의 활성화를 견인해 내기 위한 핵심 시설로 2017년에 준공할 계획이다.

서울재사용플라자에는 재사용·재활용·업사이클에 관심 있는 젊은 예술가 및 사회적 기업이 입주, 소파 가죽, 폐타이어, 폐현수막 등 다양한 재료를 활용해 새로운 제품을 디자인하고 제작해서 판매하기까지 원스톱으로 이뤄지게 된다. 지하 1층~지상 5층, 총 면적 1만 6,530m^2(축구장 2배 넓이) 규모에 재활(사)용 작업장, 예술가 공방, 소재 은행, 재활용 백화점과 시민들이 재활용·재사용 문화를 직접 체험할 수 있는 재활용 전시실 등이 들어선다.

재활(사)용 작업장에서는 기증 받은 중고 물품을 수선 등의 과정을 거쳐 새 제품으로 재탄생시킨다. 예술가 공방에서는 소파 가죽, 현수막 등 폐자재를 원료로 예술가들이 수준 높은 업사이클 제품을 생산하고 시민 대상 체험 프로그램도 운영한다. 소재 은행에서는 폐원단·폐가죽 등 원재료를 수거, 가공, 판매하며, 재활용 백화점에서는 중고품, 업사이클 제품, 골동품 등을 사고팔 수 있다. 재활용 전시실은 폐기물로 만든 예술 작품들을 전시해 재활용품에 대한 시민들의 인식 변화를 유도한다.

건물 외관은 작은 박스가 모여 하나의 큰 건물이 되는 디자인을 통해 개개인의 작은 노력이 모여 큰 가치를 만드는 재활용·재사용 문화의 상징성을 표현하도록 할 계획이다. 건물 내부의 경우, 화장실에는 폐드럼통으로 만든 세면대, 카페에는 폐자전거로 만든 테이블, 시청각실은 재사용 가구와 재활용 의류 등을 이용한 벽면 장식으로 꾸며 생활 속에서 재활용 문화를 체험할 수 있도록 설계됐다.

서울시는 나아가 현재 30여 개 수준인 업사이클 업체를 1,000개까지 확대되도록 지원하고, 업사이클 소재 플래너, 에코 디자이너 등 새로운 미래 일자리 2만 개를 창출하는 등 업사이클 산업을 서울의 핵심 신성장 동력으로 육성한다고 하니 기대해 볼 만하다. 재활용 산업에 종사하고 있는 사람들은 이러한 시대 변화에 발 빠르게 적응하며 새로운 사업 기회를 만들어야 할 것이다.

사실 일부 자치구와 재활용센터는 이미 이러한 움직임을 포착하고 실천으로 옮기고 있기도 하다. 예컨대 서울시 강동구는 서울시 공유 기업으로 선정된 리사이클시티(강동구가전가구재활용센터)와 함께 '재활용을 넘어 공유로 꽃피다'라는 슬로건 하에 공유 사업을 추진하고 있다. 리사이클시티는 2014년 12월에 '강동리사이클아트센터'를 개관했다. 강동리사이클아트센터는 재사용되지 않는 폐자원을 업사이클을 통해 예술작품으로 창작·전시하고 판매도 함으로써 재활용과 창작예술의 융합을 통한 창조적 재활용 문화를 선도해 나간다는 계획이다.

이 센터는 15개 부스에 20명의 각각 다른 장르의 작가가 모여 창작활동과 판매, 교육활동을 하는 '오픈 창작스튜디오', 70여 명의 작가가 작품을 판매할 수 있는 '아트숍', 작가들이 작품을 전시할 수 있는 전시 공간, 작가들이 각자 또는 함께 교육할 수 있는 교육공간으로 이뤄져 있다. 젊은 감각의 실력 있는 작가들이 책과 자전거 휠을 분위기 있는 스탠드 조명으로 바꾸고, 시원한 바람을 일으키던 선풍기를 우아한 벽시계로 변신시킨다. 강동구와 리사이클시티는 업사이클을 통해 자원 낭비라는 사회적 문제를 해결하고 사회경제적 가치를 창출하는 CSV(Creating Shared Value, 공유가치 창출) 활동을 활발히 추진하고 있다.

　최성실과 유태순이 쓴 논문 〈업사이클 패션 제품 인식, 친환경 의식, 지속 가능한 라이프스타일의 구조적 관계〉에 따르면 업사이클 패션 제품은 우리들의 친환경 의식에 직접적인 영향을 주고, 이러한 친환경 의식은 지속 가능한 라이프스타일에도 영향을 준다고 한다. 즉, 업사이클 패션 산업이 앞으로 더욱 발전하게 된다면 그로 인해 환경에 대한 의식까지 깨우치게 되고 지속 가능한 라이프스타일을 지향하고자 하는 의지도 생기게 될 것으로 기대할 수 있다는 것이다. 이 연구 결과에 기댄다면 업사이클 활동과 관련 산업의 활성화는 우리 사회의 친환경 의식과 재활용 사업의 업그레이드에 도움이 될 것이 분명하다.

첨단기술을 활용하자

'무선인식(Radio Frequency Identification: RFID)' 기술이라는 게 있다. 여러분도 잘 알다시피 이미 여러 분야에 적용되고 있는 기술이다. 아파트 단지의 경우 음식물 쓰레기를 버릴 때 무게에 따라 수수료를 부과하는 종량제를 실시하고 있는 지역이 많은데, 이때 적용되는 것이 RFID 기술이다.

네이버 시사상식사전에는 RFID 기술은 IC칩과 무선을 통해 식품·동물·사물 등 다양한 개체의 정보를 관리할 수 있는 인식 기술을 지칭한다고 나와 있다. '전자태그' 혹은 '스마트 태그', '전자 라벨', '무선식별' 등으로 불린다. 이를 기업의 제품에 활용할 경우 생산에서 판매에 이르는 전 과정의 정보를 초소형 칩(IC칩)에 내장시켜 이를 무선주파수로 추적할 수 있다.

RFID는 지금까지 유통 분야에서 일반적으로 물품 관리를 위해 사용된 바코드를 대체할 차세대 인식기술로 꼽힌다. RFID는 판독 및 해독 기능을 하는 판독기(reader)와 정보를 제공하는 태그(tag)로 구성되는데, 제품에 붙이는 태그에 생산, 유통, 보관, 소비의 전 과정에 대한 정보를 담고, 판독기로 하여금 안테나를 통해서 이 정보를 읽도록 한다. 또 인공위성이나 이동통신망과 연계하여 정보시스템과 통합하여 사용된다.

기존의 바코드는 저장 용량이 적고, 실시간으로 정보를 파악하는 것이 불가할 뿐만 아니라, 근접한 상태(수 cm 이내)에서만 정보를 읽을 수 있다는 단점이 있다. 그렇지만 RFID를 활용하면 물건이 완제품 상태로 공장 문 밖을 나가 슈퍼마켓 진열장에 전시되는 전 과정을 추적할 수 있다. 이 태그가 부착된 물건을 소비자가 고르면 대금이 자동 결제되는 것은 물론, 재고 및 소비자 취향 관리까지 포괄적으로 이뤄진다. 또한 RF판독기는 1초에 수백 개까지 RF태그가 부착된 제품의 데이터를 읽을 수 있다. 대형 할인점에 적용될 경우 계산대를 통과하자마자 물건 가격이 집계되어 시간을 대폭 절약할 수 있다. 그리고 정보를 수정하거나 삭제할 수 있는 점도 바코드와 다르다.

활용 범위도 무궁무진하다. 도난과 복제 방지를 위한 목적으로 사용할 수도 있고, 도서관에서는 도서 출납에 이용할 수도 있다. 현재 월-마트를 필두로 베네통, 독일의 유통 체인인 메트로 등에서 상용화를 추진 중이다. 우리나라의 경우 RFID는 대중교통 요금 징수 시스템은 물론, 유통 분야뿐 아니라 동물 추적 장치, 자동차 안전 장치, 개인 출입 및 접근 허가 장치, 전자요금 징수 장치, 생산관리 등 여러 분야에 활용되고 있다.

김재영과 유기영의 〈재활용 도시〉에 따르면, 폐기물 관리 분야에서 일차적으로 폐기물 배출자를 식별하는 데 이 기술을 적용하고 있는 것으로 알려졌다. 예컨대 배출자가 자신의 IC카드를 접촉하면 폐기물 수집소의 문이 열려 폐기물을 버릴 수 있다. 계량 장치를 설치한 수집소에서는 쓰레기봉투의 개수 또는 무게 측정이 이루어지고 측정 정보는 데이터 센터에 무선으로 송신되어 저장된다. 저장된 개인별 배출량은 배출자에게 쓰레기 수수료를 징수할 근거 자료로 활용된다.

RFID 기술은 배출자 확인만 가능한 것이 아니라 차량에도 사용될 수 있다. 차량에 실린 재활용품이 어디로 이동하는지, 제대로 된 리사이클링 시설로 반입되었는지 파악할 수 있다. 그곳까지 가는 데 어느 정도의 시간이 소요되는지, 어떤 경로를 이용하는지도 알 수 있다. 대부분의 재활용품은 시장 기능에 의해 제품의 원료로 사용되는 곳까지 이동한다. 이러한 기술이 확대 적용되면 재활용품을 포함한 모든 폐기물의 이동 경로와 적정 처리 여부를 확인할 수 있는 날이 오게 될 것이다.

만약 이 기술을 재사용품에 적용하면 소비자가 버린 물품이 어떤 경로로 어느 재사용 사업자에게 가 있는지 파악할 수 있을 것이다. 그리고 만약 그 정보를 공유할 수 있다면 중고품 거래에 큰 도움이 될 것이다.

제 4 장

세계 중고무역 이니셔티브

 천정곤의 지구를 살리는 자원순환 이야기

중고제품의 과잉 양산

 우리들의 생활을 윤택하게 하기 위하여 매일 신제품이 쏟아져 나오고 있다. 그 종류도 셀 수 없이 많다. 문제는 수요에 맞게 공급이 이루어지는 것이 아니라 신기술 개발로 똑같은 제품이지만 이전보다 편리성 등만 더해진 신제품이 출시되는 바람에 소비자들이 멀쩡한 제품을 버리고 신제품을 구매한다는 것이다.
 자동차의 경우 우리나라에서도 10년 타기 운동이 벌어지고 있지만 평균적으로 5년을 넘지 못하는 것으로 나타나고 있다. 비록 자동차는 중고시장이 잘 형성되어 있어서 신차 못지않은 거래를 하고 있지만, 사용 가능한 차들이 우리나라에서 수요가 발생치 않아 폐차되는 경우가 비일비재하다.
 그 외 전자가전제품이나 디지털 디바이스의 경우에는 눈부시게 발전하고 있는 기술력을 바탕으로 매년 신제품이 쏟아져 나오고 있으며 새로운 기술의 개발 속도가 점점 단축되고 있는 실정이다. 따라서 제품의 성능이 떨어져서 폐기하기보다는 새로운 제품의 첨단 기능에 매료되어 신제품의 구매를 위해서 기존의 제품을 버리고 있는 실정이다. 이런 신제품의 과잉 공급은 선진국 국내 중고제품의 수요에도 영향을 미쳐 멀쩡한 제품을 폐기 처분하는 원인을 제공하고 있다.

선진국에서는 용도 폐기된 것이 후진국 또는 개발도상국에서는 없어서 못 쓰는 필요한 중고제품이 대단히 많을 것으로 추산된다. 중국이나 북한, 아프리카 등지에는 중고생필품, 중고기계류, 중고차량, 중고과학기자재, 중고농기계 등 많은 것이 필요하리라 여겨진다.

세계 중고무역 구상

전 세계를 대상으로 재활용품이나 중고제품의 무역시장을 개척하겠다는 생각은 오래 전부터 갖고 있었다. 재활용센터를 운영한 지 얼마 지나지 않아 매장의 물건들을 수출하자는 제안을 받은 적이 있다. 재활용 운동이 확산되면 수출도 할 수 있을 것이라는 생각을 갖고는 있었지만 그렇게 빨리 그런 일이 찾아올 줄은 몰랐던 시절이다. 아무튼 나는 그 당시 우리가 수거해서 손질하고 수리한 냉장고와 세탁기 등 가전제품 14톤을 베트남과 러시아, 필리핀 등지로 수출하여 2만 달러의 외화를 벌어들였다. 쓰레기로 버려져서 우리 국토를 오염시킬 뻔했던 물건들을 해외로 수출하면서 너무나 큰 기쁨과 보람을 느꼈던 것은 당연하다.

그러던 중 세계 중고무역을 확산시키는 일이 중요하다고 본격적으로 생각한 것은 1998년부터이다. 국내의 재활용센터가 어느 정도 자리를 잡아가고, 재활용 운동도 전국적으로 확산되고 있다고 판단했던 나는 세계로 눈을 돌리게 된 것이다. 나는 선진 외국의 재활용 실태를 파악하기 위해 여러 나라를 방문했다. 그리고 가난과 기아에 허덕이는 나라들도 둘러보았다. 그러면서 물자가 너무 풍족해서 넘쳐나는 나라의 물건을 가져다가 물자가 너무 부족해서 쩔쩔매는 나라에 가져다주었으면 좋겠다는 생각을 하게 되었다.

그 생각을 구체적으로 정리한 것이 중고무역이었다. 재활용의 형태는 여러 가지가 있을 수 있지만 그중에서 가장 바람직한 형태는 바로 중고무역이라고 생각한 것이다. 선진국에서 후진국으로, 잘 사는 나라에서 못 사는 나라로, 물자가 풍부한 나라에서 물자가 부족한 나라로 이미 만들어져 있는 물건을 싼값에 수출하자는 것이다. 물론 돈을 받고 수출하는 것이 아니라 무상으로 기증하는 방법도 있을 수 있지만, 재활용 운동이 전 세계적으로 활성화되려면 적은 값이라도 돈을 주고받는 것이 좋다고 생각했다.

지난번 책에서도 이야기했지만 인도네시아에 갔을 때 일이다. 민가에서 잠을 자고 나와 아침에 오솔길을 걷다 보니 나무로 지은 집이 있었다. 그 집 앞에서 젊은 남자가 웃으며 반기길래 나도 웃어 주며 그곳을 지나쳐 갔다. 그런데 산책을 마치고 다시 그곳을 지날 때 그 남자는 여전히 그곳에 서서 웃으며 나에게 손짓을 했다. 알고 보니 자기네 집으로 들어오라는 시늉이었다. 그를 따라 집으로 들어가니 그의 아내가 카펫에 누워 아이에게 젖을 먹이고 있었다. 그 남자는 손짓으로 방 한쪽을 가리켰는데, 그곳에는 우리나라에서 70년대에 흔했던 흑백 TV 한 대가 겨우 형체만 알아볼 정도의 화질로 틀어진 채

놓여 있었다. 나는 그 남자가 문제의 흑백 TV를 자랑하기 위해 나를 불렀다는 사실을 금세 알 수 있었다. 그걸 보자 '지금 우리나라에서 남아도는 중고 컬러 TV 한 대가 있으면 얼마나 좋아할까' 하는 생각이 들었다.

아프리카의 가나에서는 중고 냉장고가 팔리는 현장을 본 적이 있다. 우리나라에서 8~9만 원 정도 하는 중고 냉장고가 그곳에서는 우리 돈 35만 원에 거래되고 있었다. 그것을 보며 나는 중고무역의 필요성을 더욱 절감했던 기억이 새롭다. 만일 중고무역이 자유롭게 이루어진다면 현지에서 11만 원 정도면 충분히 같은 크기의 냉장고를 구입할 수 있을 것이었다. 그런데 물자가 흔한 나라에서는 쓸 사람이 없어서 그냥 폐기하고, 물자가 부족한 나라에서는 물건이 없어서 값이 치솟는 실정이었다.

중고무역이 이루어진다면 이러한 지역 간의 불균형을 해소하고 물자의 낭비를 막는 것은 물론, 멀쩡한 물건이 버려지면서 생기는 환경오염도 막을 수 있는 일석삼조의 효과를 거둘 수 있을 것이다. 그런데 그 후 내가 재활용 사업의 현장에서 잠시 멀어져 있는 바람에 나의 중고무역 구상은 그야말로 구상의 단계에 머물고 있었다. 그러나 중고무역은 그 자체의 힘으로 현장에서 굴러가고 있었다. 적어도 일부 중고품의 경우에 수출은 돈이 되는 사업이었기 때문이다.

우리나라 중고무역의 현 상황

 우리나라의 중고품들은 해외에서 비교적 인기가 좋은 편이다. 이른바 한류바람이 불면서 한국의 위상이 올라가고 우리 제품의 품질이 좋다는 입소문을 타면서 세계 각국의 바이어가 한국산 중고품을 사기 위해 줄을 서고 있다. 수출되는 품목은 중고차부터 시작해서 헌옷과 중고 컴퓨터, 휴대폰 등에 이르기까지 다양하다. 이들 중고품을 수입해 가기 위해 우리말까지 배우는 외국인 열성파도 꽤 많다고 한다.
 중고 의류의 경우 아파트 단지나 단독주택 지역에 비치되어 있는 의류 수거함에서 수집된 헌옷을 kg당 400원 정도에 사서 계절별, 소재별, 종류별로 분류한 다음 해외로 수출하는 회사가 많다. 대부분 그냥 비닐에 둘둘 말아서 바로 해외로 보낸다. 한국에서는 인건비가 비싸기 때문에 그대로 중고 옷들을 수출하면 현지에서 수선을 하여 판매하는 구조다. 특히 결혼식 드레스의 경우 유행에 민감하고 고가이다 보니 국내에서는 중고품 판매가 어렵지만, 베트남이나 동남아 쪽에서는 한국 드레스의 인기가 높다. 1년에 1000여 벌 정도의 중고 드레스가 새 드레스로 변신하여 수출된다고 한다. 드레스의 경우, 한 벌당 20만 원 정도의 고가이기 때문에 꽤 괜찮은 장사다.

대한무역투자진흥공사(KOTRA)에 따르면, 캄보디아에서 한국산 중고 의류가 크게 인기다. 중산층이 늘면서 이들 사이에 지불 가능한 범위 안에서 유명 브랜드의 옷을 입고 싶어 하는 욕구가 강해지고 있기 때문이라고 한다. 캄보디아 인들은 신제품보다 가격이 훨씬 싸면서도 신제품과 비슷한 품질의 중고 의류에 굉장한 매력을 느끼고 있다. 프놈펜에서 남성 의류를 판매하는 한 상인에 따르면 40달러 정도의 신제품이 중고로는 4~15달러에 팔리고 있다고 하니 그도 그럴 것이다. 실제 캄보디아 정부 통계를 보면 2012년의 경우 새 옷 수입량은 8,134톤이었던 것이 비해 중고 옷은 7만 9,217톤으로 10배 가까이 되었다. 수입되는 중고 옷은 라코스테, 랄프로렌, 버버리, 피에르 가르뎅, 게스 등 대부분 유명 브랜드다. 하지만 저렴한 가격과 풍부한 공급으로 한국산이 전체 수입의 절반 가까이를 차지하고 있다.

우리나라의 중고 농기계는 아직 농사를 많이 짓는 따뜻한 나라에서 인기가 높다. 이집트, 파키스탄, 키르기스스탄 등 농업이 주를 이루는 국가에서는 없어서 못 팔 지경이라고 한다. 중고 농기계의 경우 부품이 중요하다. 수입국에서 수입을 했다고 하더라도 수리할 부품이 없다면 팔지를 못한다. 중고 농기계를 팔면 부품도 꾸준히 팔 수 있으니 1석 2조의 효과다. 이렇게 연간 수출되는 중고 수리용 부품이 연간 200억 원에 달한다고 한다.

한 언론 보도에 의하면 농협중앙회와 LS엠트론은 2014년 12월 전남 광양 신항에서 중고농기계 선적식을 가졌다. 미얀마에 20대, 캄보디아 15대, 베트남 10대, 몰도바 5대 등 총 50대를 수출한 것이다. 농협은 2017년까지 약 4,000대 이상의 중고 농기계를 수출할 계획이라고 한다. 농협은 특히 동유럽의 몰도바 시장을 처음 개척함으로써 동남아시아 위주의 수출시장이 유럽으로 확대되는 계기가 될 것으로 기대하고 있다. 또 중고 농기계 수출이 비료와 농약, 시설 자재 등 여러 농자재의 수출과 연계될 수 있을 뿐 아니라 농업 기술 수출로도 이어지면서 한국 농업의 국제적 위상을 높일 수 있을 것으로 보고 있다.

중고 수출품 가운데 매우 활발한 품목 중의 하나는 바로 신제품 시장에서 세계 최고의 품질을 자랑하는 휴대폰이다. 한국은 UN이 공인한 정보통신 강국이다. 그러다 보니 지난 6~7년 동안 국내에서 수거된 중고 휴대폰은 약 3천만 대나 된다. 버려진 휴대폰 가운데 절반은 수출용으로 팔려 나갔다. 우리나라 중고 휴대폰이 처음 수출된 것은 2000년대 초반이다. 2000년에 해외로 수출한 휴대폰 대수는 80만 대에 불과했지만, 2009년에는 두 배가 넘는 180만 대를 수출했다.

환경부가 국회 환경노동위원회에 제출한 '핸드폰 출고량 대비 재활용률'에 따르면 재활용률은 2012년 21%에서 2013년에는 14%로, 그리고 2014년에는 8%로 줄었다. 이는 중고 휴대폰 수출량이 늘고 있는 것과 무관하지 않다. 환경부는 '전기·전자제품 및 자동차의 자원 순환에 관한 법률'에 따라 판매업자에게 판매량 대비 회수 의무를 부과하고 있으며, 2014년 핸드폰 출고량은 4,870톤으로 재활용 의무량은 1,118톤으로 책정됐지만, 실제 재활용된 핸드폰은 384톤에 불과했다. 2014년 핸드폰 출고량은 1년 만에 70% 늘었지만 재활용률은 오히려 6% 포인트 감소한 것이다. 이에 대해 환경부는 스마트폰 등 신형 핸드폰 출시가 잇따르면서 소비자의 핸드폰 교체 주기가 짧아져 매년 발생하는 폐핸드폰도 늘고 있지만 국내 재활용은 줄고 있기 때문이라고 추정했다. 2012년 1,949만 대였던 폐핸드폰은 2014년 2,197만 대에 이를 것으로 추측했다. 하지만 이들 중 대부분이 중고 핸드폰으로 해외에 수출되거나 가정 내에 보관되고 있어 국내 수거 재활용 핸드폰은 매년 감소하고 있는 것으로 풀이된다는 것이다.

이처럼 한국산 중고 휴대폰은 해외에서 인기가 높다. 아프리카·남아메리카·동남아시아·중동·중앙아시아에서는 당연히 인기가 높을 뿐만 아니라, 심지어 실리콘밸리가 있는 미국조차도 한국산 중고 휴대폰에 대한 의존도가 높다고 한다. 미국에서도 저소득층을 중심으로 연간 30만 대가 넘게 팔리고 있다고 하니 정말 대단하다. 한국산 중고 휴대폰은 유럽에서도 인기가 높다. 특히 유럽에서는 재활용이 생활화되어 있기 때문에 중고 휴대폰을 쓰는 게 보통이다. 한국산 휴대폰은 이런 재활용 문화를 지키는 사람들에게 인기가 높다. 중국에 대한 중고 휴대폰 수출은 스마트폰이 나오면서 급증했다. 그 전에는 이동통신 방식에서 중국이 GSM, 우리나라가 CDMA를 채택하고 있어서 호환성이 없었지만, 스마트폰이 출시되면서 이런 문제가 없어진

국내에서 PCB를 수출하고 있는 이 업체(저자와 케이에스 코리아 김성준 대표)는 그 동안 고려아연 울산 공장에 주로 납품을 해 왔으나 지금은 일본으로 수출하고 있다. 일본의 희귀금속 회수 기술이 발전되어 있고 가격을 더 높이 쳐주기 때문이기도 하지만 국내에 납품을 할 만한 곳이 별로 없다는 것도 중요한 요인이라고 한다.

것이다.

 컴퓨터 등에서 나오는 회로기판(Printed Circuit Board: PCB)의 수출도 꽤나 많이 이뤄지고 있다. PCB에는 금, 은, 동 등 귀금속과 리튬과 인듐 등 희귀금속이 들어있기 때문에 이를 회수하여 재사용하면 자원 순환에 기여하기 때문이다. 사실 이들 희귀금속을 회수해 재활용하는 것을 이른바 도시광산(Urban Mining) 사업이라고 하는데, 우리나라에서도 한때 각광을 받았다. 그러나 국제 원자재 가격이 떨어지는 등의 요인으로 인해 현재는 도시광산업이 침체의 늪에서 허우적거리고 있는 실정이다. 포스코의 자회사 포스코엠텍은 2010년과 2011년 각각 리코금속과 나인디지트를 인수해 도시광산사업에 본격적으로 나섰지만 5년간 적자에 시달리다가 지난해에 청산하기로 결정했다.

　국내에서 중고 PCB를 수출하고 있는 한 업체는 그 동안 고려아연 울산 공장에 주로 납품을 해 왔으나 지금은 일본으로 수출하고 있다고 한다. 일본에서 가격을 더 높이 쳐주고 기술이 발전되어 있기 때문이기도 하지만 국내에서 납품을 할 만한 곳이 별로 없다는 것도 중요한 요인이라는 것이다.

중고무역의 어두운 면

중고품 무역에 어두운 면이 없는 것은 아니다. 특히 정보통신기술(ICT)의 발달에 따라 종류와 수량이 폭발적으로 늘어난 전기·전자제품의 폐기물은 중고무역에서 조심해야 할 물품 중의 하나다. 냉장고, TV, 세탁기 등 일상생활에 쓰이는 고전적인 전자제품뿐만 아니라 스마트폰 등 모바일 기기를 다 포함한다. 특히 선진국에서 대량으로 발생하고 있는 이들 전자제품의 폐기물(이것을 e-폐기물이라고 부른다)이 중고품 또는 재활용 등의 명목으로 개발도상국으로 유입되어 불법적인 방법으로 폐기되면서 이들 국가의 환경 오염이 가속화되는 점이 문제다.

일본의 니혼게이자이(日本經濟)신문에 따르면, 중국 등 개도국에서는 공업화와 도시형 생활 방식이 확산되고 있지만, 화학물질 관리나 폐기물 대책은 이런 추세를 뒤따르지 못해 환경오염이 심각해지고 있는 것으로 전해졌다. 특히 선진국으로부터 재활용 등을 이유로 유입되는 대량의 중고 전기·전자기기가 이런 환경오염을 더욱 가중시키고 있다는 것이다. 이들 기기에 포함된 재활용 부품이나 원료 물질 등이 부적절한 방법으로 회수되거나 불법 폐기되고 있기 때문이다.

유엔 산하에 있는 유엔대학의 보고서에 따르면, 지난 2014년 전 세계 e-폐기물은 총 4,180만t이 발생했지만 이 가운데 60~90%는 위법한 방식으로 거래 또는 폐기되고 있는 것으로 추정된다. 특히 이런 위법 처리의 상당수가 범죄 조직이나 자금 세탁과 결탁돼 있다는 지적도 나온다. 한국에서도 도난 또는 분실된 휴대폰을 해외로 밀반출하다 적발된 건수가 지난 2013년 한 해만 해도 3,000건 이상에 달했다.

일본의 중고 휴대폰 회수율도 e-폐기물이 위법한 방법으로 처리되고 있다는 추정을 뒷받침하고 있다. 2014년 일본 통신사업자 전체의 판매점에서 회수된 휴대폰 대수는 기기 변경이나 임의 해약 건수 합계 대비 14.6%에 불과했다. 이에 대해 일본의 관련 업계에서는 통신사 가입 이외의 사용이나 개인적인 중고품 거래 등이 늘고 있어 회수율이 낮다고 설명하고 있다. 그러나 결국 통신사업자의 영역 밖 어딘가에서 폐기되고 있다는 것은 마찬가지다. 따라서 니혼게이자이신문은 "위장 중고품으로 해외로 유출되는 것을 방지하기 위한 대책을 세우는 것도 통신사업자의 책임"이라고 지적했다.

일본은 이미 TV, 냉장고, 세탁기, 에어컨 등 4개 품목에 대해서는 '가전기기재활용법'으로, PC에 대해서는 '자원유효이용촉진법'으로 생산자 책임에 의한 재활용 제도를 구축했다. 따라서 e-폐기물에 의한 환경오염은 우려할 문제가 아니라는 의견도 있다. 그러나 이런 재활용 제도의 범위를 해외로 확대하면, 중고품이나 고철 수출업자를 통해 일본의 e-폐기물을 수입품으로 사들이는 해외의 거래처에 대해서는 재활용 제도 마련 실태를 파악하지 못하고 있다. 일본 같은 선진국들의 e-폐기물이 개도국으로 넘어가 어떻게 처리되는지 불투명하다는 지적이 나오는 대목이다.

따라서 2015년 5월에 열린 '유해폐기물의 국가 간 이동 및 처분 규제에 관한 바젤조약 체결국 회의'에서는 'e-폐기물 및 사용이 끝난 전기·전자기기의 국경 이동에 관한 가이드라인(지침)'이 채택됐다. 재활용 목적으로 수출입을 하는 경우에는 해당 기기가 완전한 기능을 유지하고 있다는 검사 결과 기록이나 재활용 제품임을 확실시하는 수출업자의 확인 서류를 첨부하는 등의 내용을 정한 것이다. 또 고장난 제품을 수출할 경우에는 이를 수리하거나 수리 과정에서 발생하는 유해 폐기물을 적정한 방법으로 관리할 수 있는 수입국 측의 시설과 계약을 체결했다는 것도 증명해야 한다.

이는 모두 선진국의 e-폐기물이 개도국으로 유출돼 불법적으로 사용되거나 환경을 오염시키는 것을 막기 위한 조치로 풀이된다. 이에 일본에서도 이미 시행되고 있는 '사용 후 전기·전자기기 수출 시에 관한 중고품 판단 기준'이 더욱 엄격해지고 있다고 니혼게이자이신문은 전하고 있다.

'사용 후 전기·전자기기 수출 시에 관한 중고품 판단 기준'은 일본 환경성이 지난 2013년 9월 20일에 책정해 놓았다. 참고로 지난 2009년에는 '폐 브라운관 텔레비전 수출 시의 중고품 판단 기준'을 책정했다. 2013년에 책정된 기준은 연식·외관, 정상 작동 여부, 포장·적재 상태, 중고거래 사실관계, 중고시장의 5개 항목으로 이뤄져 있다. 즉 외관상 파손과 손상, 오염이 없어야 하며, 통전 검사를 통과해야 하고 충전용 부속품 결손이 없어야 한다. 집하, 수송, 적선 및 적하 작업 중 파손되지 않을 포장, 적재 및 보관이 이뤄져야 하고, 계약서 등으로 중고품 거래 사실 관계가 확인돼야 한다. 마지막으로 수입국에 해당 제품의 중고 시장이 있어야 한다. 이중 하나라도 기준을 만족하지 못하는 전자기기는 재사용이 아니라 처분 목적 수출로 간주되며, 수출업자는 해당 기기에 대해 유해물질 함유 유무를 확인해 보고할 필요가 있다.

우리나라에서도 중고 휴대폰과 관련하여 수출 경로와 판매 책임자를 정부가 관리해야 한다는 법안이 발의되어 있는 실정이다. 국회 환경노동위원회 소속 새누리당 최봉홍 의원이 대표 발의한 '전기·전자제품 및 자동차의 자원 순환에 관한 법률 일부 개정 법률안'이 그것이다. 이에 따르면 중고 휴대전화를 비롯한 폐전기·전자제품 유통업자에 대한 검사 책임과 신고 의무를 명시하고 있다. 중고 휴대전화의 국내 유통과 수출이 늘어나고 있는데도 그 유통 경로와 애프터서비스(AS) 등 후속 조치가 국내법에 명확하게 규정되어 있지 않다는 점을 개선하기 위해서라고 한다.

이에 따르면 중고 휴대전화 판매자 및 수출업자는 환경부 장관에게 판매 요건을 갖춰 등록해야 하고, 제품의 상태 및 성능을 정부 지정 검사기관에서 검사 받아야 하며, 검사 결과 및 재사용 사실을 표지로 부착해야 하고, 수출하려는 제품 명세를 환경부 장관에게 신고해야 한다. 개정안이 시행될 경우 중고 휴대전화 수출업자들은 한 달안에 정부 신고를 마쳐야 한다.

또한 개정안은 중고 휴대전화의 수리·유통 책임자도 '제조물책임법'의 적용을 받아 결함 등으로 인한 손해 배상의 책임을 갖는다고 명시했다. 스마트폰을 비롯해 해외로 수출된 새 제품은 제조업체에서 책임을 지지만, 비공식으로 해외에 나가는 중고 휴대전화에서 사고가 나면 책임 소재가 명확하지 않아 대외적으로 신뢰도 추락과 국가 이미지 하락이 우려되기 때문이다.

이러한 개정안에 대해 업계의 반응은 엇갈릴 수밖에 없다. 재가공업계와 중고 휴대전화 유통업계에서는 관련 규정 강화로 이익이 줄어들 것을 우려해 거세게 반발할 수밖에 없는 실정이다. 하지만 해외 불량 휴대전화 신고로 골머리를 앓고 있던 제조업계에서는 환영의 뜻을 표하고 있다. 국가 전체 차원에서는 효율적 자원 관리가 필요해서 만든 정책이나 법률일지라도 삶의 현장에서 먹고사는 문제로 고민하는 이해 관련자들에게는 치명적 무기가 될 수도 있다. 이러한 점들을 섬세하게 고려하는 지혜가 필요할 것이라고 생각한다.

중고무역의 현실적 제약

중고무역에는 현실적 제약도 있다. 우선 사업적 측면에서 수지 타산을 맞추는 일이 어려운 경우도 많다. 내가 아는 어떤 분은 현재 중국을 향해 중고 컴퓨터와 모니터, TV, 이렇게 세 가지만 수출하고 있다. 그러나 냉장고나 세탁기와 같은 대형 가전제품의 중고품은 수출하지 않고 있다. 왜냐하면 이들 제품은 부피가 커서 컨테이너에 많이 싣지 못하기 때문에 수지가 맞지 않는다는 것이다.

외부적인 여러 가지 제약 가운데 중요한 한 가지는 각국의 수입 규제를 들 수 있다. 앞에 말한 이 분도 2,000년대 초반만 해도 중국에 대한 수출이 꽤 괜찮았다. 그런데 어느 시점부터 중국 측 파트너가 수입하기 곤란하다고 통보를 해 왔다고 한다. 중국 정부로부터 수입 규제가 서서히 시작되었기 때문으로 보인다고 이 분은 해석했다. 그래서 이분은 그때부터 중고품 수출만이 아니라 그 후 처리 과정인 물질 재활용 사업까지 병행하고 있다.

중고품에 대한 몇 가지 수입 규제 사례를 보기로 하자. 이 정보들은 대부분 KOTRA로부터 얻은 것이다. 우선 인도 정부는 수입 중고품을 규제항목(Restricted Category)으로 분류, 관련 법규를 강화하고 있다. 특히 개인용 컴퓨터와 노트북에 대한 수입 규제를 확대해 자국 내 제조업을 간접적으로 지원하고 있다. 이에 따라 인도에 규제 항목 제품을 수출하려는 사업자는 물품 선적 전에 반드시 국제무역일반이사회(DGFT)로부터 허가를 받아야 한다.

베트남 산업무역부는 2013년 11월 '국제 제품 매매, 매매 대행, 가공 및 제3국 제품 경유에 관한 법령'을 발표한 데 이어 2014년 1월 이 법령의 세부 시행문을 내놨다. 이 시행문은 2006년 4월 공포된 관련 시행문을 대체한다. 시행문에 따르면 승합 또는 운송 목적의 차량, 특수용도 차량 등 각종 중고차량은 생산연도부터 베트남으로의 수입 연도까지 5년의 기한을 초과하지 않아야만 수입이 허용되는 것으로 나타났다. 또 중고 의료기기, 중고 소비재의 수입금지 관련 규정을 대폭 강화하고 금지 목록 품목도 확대했다. 2006년 공포 시행문에 첨부됐던 수입금지 중고물품 목록에 비해 신규 품목이 상당수 포함됐는데, 예를 들어 소비재 품목은 HS 40(고무와 그 제품), HS 48(펄프), HS 83(각종 비금속 제품), HS 84(원자로, 보일러 등의 기계류), HS 85(전자기기 및 설비) 등이다.

이집트는 예외적으로 수입이 가능하다고 명시한 13개 품목 이외에는 중고제품 수입이 허용되지 않는다. 수입 가능한 중고제품 리스트는 별도로 관리되고 있는데 다음과 같다.

수입 가능 중고제품 현황

1. 중고 생산 라인, 기계 및 부품
   - 가정용 중고 전자제품 및 부품 수입 불가
   - 컴퓨터 및 부품은 제조 후 10년 이내 제품만 수입 가능
   - 환자용 침대를 포함한 의료용 기계, 장비는 복지부 장관의 허가를 받은 후 의료용 목적으로 사용하는 경우 수입 가능
   - 제조 과정에서 오존층 파괴 물질 미포함

2. 차량 및 부품
   - 중고 오토바이 수입 금지
   - 차량 부품은 특정 품목만 제한적 수용 가능: Fenders, doors, engines, gearboxes, body parts, damper, differentials, rims, dashboard, springs
   - 승용차: 제조 후 1년 이내 제품만 수입 가능
   - 9톤 이하 화물차: 제조 후 1년 이내 제품만 수입 가능
   - 9톤 초과 화물차: 제조 후 5년 이내 제품만 수입 가능
   - 특수목적용 차량: 제조 후 5년 이내 제품만 수입 가능
   - Road Tractor: 제조 후 7년 이내 제품만 수입 가능
   - 도로 운행 목적이 아닌 차량, 크레인 차량, 콘크리트 펌프 차량은 품목에 관계없이 수입 가능
   - 항공기 및 부품은 항공청(Civil Aviation Authority)의 허가
   - 어업용 선박은 교통부 장관의 허가
   - 관광·화물용 선박의 경우 교통부 및 해양부 장관의 허가 필요

3. Machines, equipment and sport gears
4. Containers

5. 무기류

- 내무부 장관 허가

6. 항공기용 타이어 및 튜브

- 이집트 공군이 구입하는 경우만 허용

7. 철로용 Metal 스크랩 및 폐기물

- 철도 차량용 부품에 포함 불가능

- 통관 전에 사용할 예정인 철로의 철거

- 수출 당국으로부터 내용물의 위험성이 없다는 내용의 공식 인증

8. 합성 플라스틱 폐기물, 스크랩

- 환경부로부터 허가

9. 자유무역지대(Free Zone) 프로젝트 시행을 위한 자재 및 제품

- 투자청(General Investment of Authority)의 허가

10. 폐지 및 폐잡지

- Ministry of Information의 허가

11. 섬유를 사용한 밧줄 및 넝마

- Industrial Control Authority의 허가

12. 예술품

- 문화부의 허가

13. 금속 및 목재 기둥 및 지지대

- 이집트 기업의 해외 건설 프로젝트에 사용되는 경우만 수입 가능

각 국가들의 이러한 규제에는 나름대로의 사정이 있을 것이다. 자

국의 산업을 보호하거나 육성하기 위해 중고 수입품을 규제할 수도 있고, 중고 수입품에 들어 있을지도 모를 환경 위해 요소들을 예방하기 위한 차원일 수도 있다. 이러한 규제에 대해서는 기본적으로 받아들여야 할 것이다.

특히 문제가 되는 유해 폐기물의 수출입과 처리를 규제하기 위해 만든 바젤협약과 같은 국제 규약을 지키는 것은 중요하다고 생각한다. 환경을 생각하고 지구를 살리기 위해 시작된 재활용 운동이나 재활용 사업이 역설적으로 다른 나라의 환경을 파괴하거나 그 나라 국민들에게 위해를 가하는 일이 생겨서는 안 될 것이기 때문이다.

바젤협약은 유해 폐기물이 국가 간에 이동할 때 교역국은 물론 경유국에까지 사전 통보 등의 조치를 취함으로써 유해 폐기물의 불법적인 이동을 감소시키자는 것이 기본 취지다. 네이버 시사상식사전에 따르면, 대부분의 환경 관련 국제협약이 미국과 유럽연합(EU) 등의 선진국 주도로 이뤄지는 것과 달리 바젤협약은 아프리카 등 77그룹이 주도하는 것으로 알려졌다. 이는 후진국이 선진국의 폐기물 처리장이 되어서는 안 된다는 위기의식이 발동하였기 때문이다. 1989년 3월 22일 스위스 바젤에서 열린 회의에서 116개국의 대표가 참가한 가운데 32개국이 협약에 서명했다. 그 후 1992년 5월 5일 20개국이 비준서를 기탁하고 가입함으로써 정식 발효되었다. 우리나라는 1994년 2월에 가입하였고, 관련 국내법인 '폐기물의 국가 간 이동 및 그 처리에 관한 법률'이 1994년 5월부터 시행되었다.

바젤협약의 본문에 수록되어 있는 몇 가지 중요 원칙을 살펴보면, 각국은 유해 폐기물의 발생을 최소화해야 하고, 가능한 한 유해 폐기물이 발생한 장소와 가까운 곳에서 처리해야 하며, 유해 폐기물을 적절히 관리할 수 없는 국가에 수출해서는 안 되고, 각국은 유해 폐기물의 수입을 금지할 수 있는 주권을 가지고 있으며, 유해 폐기물의 국가 간 이동은 협약에 규정된 방법에 따라 이뤄져야 한다는 것 등이다.

바젤협약에도 문제는 있다. 유해 폐기물을 어떻게 정의하느냐 하는 것이다. 바젤협약 제정 과정에서도 가장 논란이 많았던 것이 유해 폐기물의 정의에 관한 것이다.

어떠한 폐기물이 유해하냐 혹은 무해하냐의 논란도 중요하지만, 중고무역의 활성화를 주장하는 나의 입장에서는 폐기물과 중고품(혹은 재활용이나 재사용품)의 구분을 어떻게 할 것이냐가 사실은 더 중요한 관심사이다. 그런 의미에서 앞에서 언급한 2015년 5월에 열린 '유해폐기물의 국가 간 이동 및 처분 규제에 관한 바젤조약 체결국 회의'에서 'e-폐기물 및 사용이 끝난 전기·전자기기의 국경 이동에 관한 가이드라인(지침)'이 채택된 것은 시사점이 크다. 'e-폐기물이나 사용이 끝난 전기·전자기기'가 아닌 중고품(재사용품)에 대해서는 어떤 지침이 있는지 잘 모르지만, 만약에 그러한 것이 없다면 하루 빨리 제정해서 중고품 무역 활성화를 뒷받침해야 할 것이다.

중고제품 자유무역기구 설치의 필요성

　재활용 운동이 환경운동으로서의 성격을 강화하고 지구 전체 차원에서 자원의 효율적 재활용이라는 관점을 강화하려면 세계적 차원에서의 중고제품 재활용 운동이 정착되어야 한다고 생각한다. 이러한 운동은 자원을 고갈시키는 대량소비, 대량폐기형 사회를 대신하여 재사용, 재활용을 우선으로 하고 새로운 자원의 투입을 가급적 줄이면서 자연생태계로 되돌리는 배출물의 양을 최소화함으로써 환경을 교란시키지 않는 안정적인 사회를 형성하자는 것이다.

　새로 만들어지는 제품보다 이미 만들어져 한번이라도 사용된 후 버려지거나 재사용되기를 기다리고 있는 중고제품이 훨씬 더 많다. 이러한 중고제품을 그대로 폐기 처분하면 환경을 오염시키는 폐기물이 되고, 반면 이것을 잘 활용하면 일상생활의 삶의 질을 높이는 제품이 됨과 동시에 지구환경을 지키고 살리는 중요한 의미를 지니게 될 것이다.

현대사회는 과학기술의 발달과 더불어 자연생태계와 인간 경제생태계 사이의 부조화현상이 심화되어 생태학적 위기를 초래하고 있다. 이러한 위기의 원인은 생산과 소비라는 측면에서는 극도로 발전을 하였지만 소비 이후의 처리라는 측면에서는 발전을 하지 못한 불균형 성장에서 찾아야 할 것이다.

이를 자연자원과 폐기물과의 관계로 본다면 열역학 제1법칙(질량불변의 법칙)에 의해 자연자원=폐기물의 관계는 항상 성립된다. 그리고 폐기물의 일부는 재활용되기도 한다. 그런데 경제활동 과정에 사용된 자원은 '엔트로피'를 증가시켜 경제계에서 모두 재활용되지는 않고 일부는 그대로 환경계에 배출된다. 이것이 소위 열역학 제2법칙(엔트로피 증대의 법칙)을 나타낸다. 이 열역학 제2법칙은 물질과 에너지는 하나의 방향으로만 전이한다는 것으로, 사용이 가능한 것에서 사용이 불가능한 것으로 또는 질서 있는 것으로부터 무질서한 것으로 변화한다고 하는 '엔트로피 증대의 법칙'을 의미한다. 그 결과 재생될 수 있는 자연자원의 양은 계속 줄어들게 된다는 사실을 보여준다.

그러나 다행스럽게도 배출된 폐기물의 일부분은 생태적으로 유용한 물질로 전환되는데, 이를 '자정 능력'이라고 한다. 이러한 자연의 자정 능력은 자연환경의 경제적 기능에 영향을 미친다. 그런데 경제활동의 결과 배출된 폐기물을 흡수할 수 없을 만큼 자연환경의 능력이 파괴당한다면 폐기물 저장 장소로서의 자연환경의 경제적 기능은 훼손되고 마는 것이다.

앞에서 살펴본 바와 같이 이미 많은 제품이 생산되어 있고 앞으로도 계속해서 생산될 것이다. 이러한 제품들은 곧 신제품에 의해서 중고제품으로 전락하여 버려지게 될 것이다. 버려지는 폐제품들의 수요를 자연이 감당하지 못한다면 열역학 제1법칙과 제2법칙에 의해서 자연자원은 고갈되고 환경은 재생 불가능하게 될 것이다.

이것이 중고제품 자유무역이 꼭 실현되어야 하는 필요성이다. 중고제품 자유무역이 오염되고 있는 환경을 살리고 경제를 살리는 제1법칙은 아니라고 하더라도 재사용을 통하여 자연생태계로 돌아가는 폐기물의 양을 줄여서 자연의 자정 능력을 도와준다면 자연환경의 경제적 기능은 어느 정도 제 기능을 다하지 않겠는가.

또한 인간존엄성과 평등의 실현을 위해서도 중고제품 자유무역은 실현되어야 한다고 생각된다. 선진국의 국민들은 좀 더 나은 삶의 질을 위해서 멀쩡한 제품을 버리고 신제품을 구매한다. 버려지는 제품 중에는 작동 상 아무런 문제가 없어서 정비할 필요 없이 바로 재사용 가능한 것도 있고, 가벼운 수리나 소모성 부품을 교환하는 정도로 정상적인 작동을 하는 제품도 많이 있다.

하지만 후진국의 국민은 그러한 제품이 있는지조차 모르고 있어서 또는 알고 있다고 해도 신제품은 터무니없이 비싸서 구매할 엄두를 못 내는 것이 현실이다. 이런 국가들에 버려지는 폐제품을 수출하여 저렴한 가격에 제공한다면 인간으로서 누려야 할 최소한의 권리를 나누어 가지는 결과가 될 것이다.

이러한 중고제품 자유무역은 우리나라가 주도적으로 선도해 나갔으면 좋겠다는 게 나의 생각이다. 정부와 민간단체, 관련 업체, 관련 전문가들로 팀을 구성하고 사전에 치밀하게 연구와 준비를 한 다음 세계중고제품자유무역기구 설립에 관한 이니셔티브를 주창해야 한다. 세계 각처에 있는 우리나라 관련 전문가와 외국 전문가들을 네트워크화하여 중고무역을 주도할 때, 우리나라는 강대국들이 주도하고 있는 오늘날의 세계 정치경제 환경에서 새로운 강대국으로 부상할 수 있을 것이라고 생각한다.

중고제품 자유무역기구 설립이 어렵다면 처음에는 포럼 형태로 출발하는 것도 좋을 것이다. 예컨대 '월드그린에너지포럼(World Green Energy Forum: WGEF)'과 같은 형태를 들 수 있다. WGEF는 경상북도가 그린에너지의 중요성을 세계적인 화두로 던지고 선점해 나가기 위해 만든 것으로 2008년 첫 회를 시작으로 격년제로 열리고 있다.

경상북도는 국제적인 에너지 환경 변화에 선도적으로 대처하고, 그린에너지 보급을 통한 지속 가능한 환경 확보 및 개발을 위해 글로벌 파트너십을 구축하는 것을 목표로 삼고 있다. 이 행사가 세계적으로 주목 받는 것은 개발도상국의 성장과 미래를 공유할 수 있는 기회를 제공해 주기 때문이다. 제1차 포럼에서는 기후변화 대응 및 새로운 에너지 자원의 발굴과 활용을 주제로 다양한 방안을 제시했다. 2010년 열린 제2차 포럼에서는 국내 그린에너지 산업의 위상 정립과 해외 진출의 계기를 마련했고, 2012년 제3차 포럼에선 유엔과의 공동 추진을 위한 토대를 닦았다. 2014년 제4차 포럼은 범지구적인 에너지 관련 과제인 신재생에너지, 에너지 접근, 에너지 효율이라는 세 개의 축을 중심으로 개최되었으며 2016년 열리는 제5차 포럼에서는 유엔산업개발기구와 행사를 공동 개최해 '저개발국 지원 프로젝트' 개념을 확립시킴으로써 명실상부한 국제 교류 협력의 장으로 만들기로 했다고 한다.

환경상품의 교역확대를 위한 협정

중고제품의 자유무역이 지구환경을 지키기 위한 노력 가운데 하나라면 그 밖에도 지구환경을 살리기 위한 국제적인 노력들은 계속되고 있다. 그중에 착한 환경상품을 위한 착한 협정이라는 게 있다. 이것을 간략하게 한번 살펴보도록 하자.

매년 4월 22일은 지구환경 오염의 심각성을 알리는 '지구의 날'이다. 지구 환경이 파괴되고 있다는 사실을 부정하는 사람은 없지만 문제를 막기 위해 행동하는 사람은 그리 많지 않다. '앎'을 '행동'으로 연결하기 위해선 큰 노력이 필요하기 때문이다. 아무래도 개인보다는 기업 차원의 노력이 더욱 힘든 게 사실이다. 그럼에도 꾸준히 지구를 위해 '착한 상품'을 만드는 기업들이 있다. 그리고 이들을 위한 '착한 협정'이라는 것도 있다.

산업의 발달은 인류에게 긍정적 변화를 가져왔지만, '지구 환경 파괴'라는 부정적 영향도 끼쳤다. 하지만 현대 산업의 틀에서 생산된 모든 상품이 지구 환경에 악영향을 끼치는 것은 아니다. 근래에는 환경 친화적인 '환경상품'도 등장하고 있기 때문이다. 환경상품은 일반상품과의 가격 경쟁에서 불리한 경우가 많다. 해외 시장에서 경쟁하는 경우엔 관세 등의 비용이 추가돼 더더욱 불리한 위치에 설 수밖에 없다.

그런데 이러한 환경상품들의 가격 경쟁력을 높일 방법이 있으니, 대표적인 것이 '환경상품협정(EGA, Environmental Goods Agreement)'이다. 환경상품협정이란 세계무역기구(WTO)와 대한민국을 포함한 14개 협상 참여국의 공동선언을 통해 시작된 협정으로, 환경상품에 대한 관세 철폐, 또는 감축을 논의하는 협상이다. 환경상품의 가격 경쟁 부담을 해소해 글로벌 교역의 자연스러운 확대를 기대하는 것이다.

2014년 7월 개시된 환경상품협정에는 초기 14개 국가와 신규 3개 국가 등 총 17개 국가가 참여했다. 이들은 2015년 3월까지 총 5차례의 1단계 사전 협상을 진행해 10개 환경 카테고리 580여 개 품목(HS6단위)의 통합리스트를 회람했다. 참가국들은 이 통합리스트를 기초로 무관세화 대상 품목을 선별하게 된다. 특히 2015년 말 제10차 WTO 각료회의와 유엔기후변화협약 기후변화 당사국 회의에서 환경상품 자유화 협상의 성과를 거두는 것이 목표이다.

산업통상자원부가 이번 환경상품협정 제안 품목으로 선정한 우리나라 상품은 총 43개 품목이다. 이 품목들은 환경 친화적인 성격을 띠는 것은 물론, 우리나라 산업경쟁력과 기술 수준 제고에 기여할 상품으로. 각각의 종류와 환경 기여 내용은 아래와 같다.

○ 메탈실리콘

- 태양광 패널, LED 등 주요 환경상품 제조의 원재료로 사용

○ 아크릴-초산비닐 공중합체

- 환경호르몬 배출을 최소화한 EVA 제품으로 태양전지 제조 및 폐기물 관리에 사용

○ 탄소섬유

- 풍력터빈, 자동차 등의 내외장재로 사용되며, 경량화된 소재로 에너지 효율성 향상

○ 철강제 파이프: 무계목 강관

- 상하수 시설에 필수적인 제품으로 안전한 식수 제공과 수질 위생 향상에 기여

○ 철강제 파이프: 용접강관 및 각관

- 상하수 시설에 필수적인 제품으로 안전한 식수 제공과 수질 위생 향상에 기여

○ 가스 콘덴싱 보일러

- 기존 보일러 대비 열효율성이 높아 에너지 소비 및 화석 연료 사용 절감

○ 냉장·냉동고

- 인버터 부착 시 소비전력 25% 절감으로 에너지효율 제고 및 CO_2 배출 저감

○ 가스 온수기

- 열 재활용 기술을 통해 연료 사용을 줄여 에너지 효율 제고 및 CO_2 배출 저감

○ 열 교환기

- 지열, 수열 및 폐열활용과 같은 재생 가능 에너지 발전 시스템에 사용

○ 물 여과기

- 폐수처리 시설의 여과장치 등 오염된 물의 정수 기능

○ 컨베이어 벨트

- 고체·유해 폐기물의 처리나 재활용 시설에 사용되는 이송장치

○ 탬핑머신/로드롤러
  – 매립지역으로 이송된 폐기물에 복토 및 다짐 작업을 실시하는 기계장치
○ 파쇄·분쇄기
  – 고체·유해 폐기물 처리나 재활용 시설에 사용되는 설비
○ 교류 발전기
  – 재생 가능 에너지 발전 시스템의 보일러와 터빈에 사용되는 장치
○ 리튬이온 축전지 및 기타 축전지
  – 스마트그리드 등 재생 가능 에너지 효율성 제고를 위한 에너지저장장치(ESS) 핵심 요소
○ 진공청소기
  – 일반 가정의 먼지 제거 및 환경 정화
○ 조명기기
  – 수은, 납 등의 유해물질이 없으며 에너지 절감을 통한 CO_2 배출 감소
○ 손 건조기
  – 휴지 사용 억제로 폐지 발생을 줄여 환경오염 예방 및 자연보호
○ 감광성 반도체 디바이스
  – 태양광 발전설비의 핵심부품으로 사용되는 태양광 셀이 포함
○ 초음파 영상진단장치
  – CT, X-ray 등과 달리 방사능·필름을 사용하지 않아 부산 폐기물 발생 억제
○ 압력계, 열 측정계, 크로마토그래프
  – 대기·수질오염 측정·분석
○ 분광계 및 기타 측정기기
  – 대기·수질오염 측정·분석

통합리스트에 포함된 580여 개 품목의 환경적 요인을 철저히 분석하고 참여국의 품목별 지지도를 검토해 무관세화 대상 품목을 선별하게 된다. 이 과정을 거쳐 무관세화 대상 품목이 된 상품은 협상에 참여했던 17개 국가뿐 아니라 WTO 가입국 전체 국가에서 관세 면세 혜택을 얻게 된다. 이는 자유무역협정(FTA)이나 다른 무역협정보다 더 큰 효과를 불러올 수 있는 특별한 혜택이기 때문에, 해당 환경상품 수출 기업에서는 이 협상의 결과에 큰 기대를 걸고 있다.

친환경상품들 중에서 이러한 무관세화 대상 품목이 늘어나고 이들 상품의 무역량이 늘어나게 되면, 그것은 그 자체로도 지구환경을 살리는 데 기여하는 것일 뿐만 아니라 이들 상품의 재사용이나 재활용 시에도 지구환경을 보호할 수 있는 효과를 얻을 수 있다는 점에서 주목할 일이다.

좋은 의도가 성공하려면

중고제품의 자유무역이 아무리 좋은 의도로 추진된다 하더라도 좋은 의도만으로는 성공할 수 없고 문제가 발생할 수 있다는 사실을 알아두는 것은 매우 중요한 일이다. 다음과 같은 사례를 보자.

2006년, 한 청년은 아르헨티나를 여행하다가 아이들이 맨발로 수 킬로미터를 걸어 다니는 현실을 보게 된다. 아이들의 지저분하고 상처투성이인 발을 보면서 그는 생각했다. 신발을 갖지 못한 모든 아이들에게 신발을 선물하고 싶다고. 그는 아르헨티나의 '알파르가타(Arpargata: 바닥은 인도산 황마로 만들고 발등은 천이나 끈으로 만든 에스파냐의 토속적인 신발)'의 모양과 편안한 착화감을 모티브로 하여 내일을 위한 신발(Shoes for Tomorrow)이라는 뜻을 담은 탐스 슈즈(TOMS Shoes)를 탄생시켰다. 탐스 슈즈는 신발 한 켤레를 판매하면 빈곤국의 어린이에게 한 켤레를 기부하는 'one for one'의 기부 프로그램을 시작했고, 몇 년이 지나지 않아 세상에 천만 켤레가 넘는 신발을 기부했다. 이러한 탐스 슈즈의 기부 프로그램은 그 후 세계적인 현상이 되었다. 티셔츠나 식료품, 안경이나 콘돔에 이르기까지 유사한 비즈니스 모델을 채택하는 기업은 이제 드물지 않다. 현재 탐스는 한국, 미국, 유럽 등의 30개국에서 판매되는 등 세계적으로 시장을 넓혀 가고 있다.

이처럼 탐스 슈즈는 좋은 일을 하면서 경제적 성공까지 얻은 사회적 기업의 모범사례로 거론되고 있다. 하지만 한편으로는 기부와 자선이라는 사회적 가치를 마케팅에 이용해 돈을 버는 업체일 뿐이라는 비난도 들었다. 신발을 기부한 지역에 도움을 주는 것이 아니라 반대로 해를 끼친다는 주장도 있다.

'좋은 의도만으로는 충분하지 않다(Good intentions are not enough)'라는 비영리단체를 운영하는 손드라 시멜페니크(Saundra Schimmelpfennig)는 이렇게 비판한다. 먼저 탐스가 기부하는 신발이 정말로 신발을 필요로 하는 지역이라기보다는 이미 신발이 충분하거나 혹은 자체적인 조달이 가능한 곳에 기부된다고 이야기한다. 즉, 충분히 저렴한 가격으로 공급이 가능한 지역에 신발을 기부하기 때문에 실효성이 적다는 주장이다. 나아가 탐스 슈즈의 기부는 빈곤국의 산업 기반을 무너뜨릴 수 있다고 비판한다. 무료로 제공되는 물품의 가격경쟁력은 당연히 그 지역에서 생산된 물품보다 훨씬 앞서고, 이는 곧 기증되는 물품을 생산하는 현지 업체의 붕괴로 이어진다는 것이다. 예컨대 나이지리아에서는 기증된 헌옷 때문에 1992년부터 2006년 사이 일자리가 54만 3,000개가 사라졌다고 한다.

탐스는 이러한 비난을 받아들이고 해결책을 모색했다. 우선 자체적으로 신발의 생산과 공급이 가능한 지역에 무조건적인 기부를 하지 않도록 신발을 나눠주는 비영리단체의 선발 심사를 강화했다. 또한 이전에는 판매용 신발과 기부용 신발을 모두 중국 공장에서 생산했지만, 최근 들어 기부용 신발은 기부 지역에 공장을 세워 공급했다. 현재 아르헨티나와 케냐, 에티오피아에 탐스의 신발공장이 설립되었고, 이를 통해 현지 아이들에게는 신발을, 어른들에게는 일자리를 제공하고 있다. 2014년에는 아이티에 새로운 공장을 열었으며, 창립자 블레이크 마이코스키(Blake Mycoskie)는 2015년까지 전체 생산량의 1/3을 기부 지역에서 생산하겠다고 선언하는 등 개선의 움직임을 활발히 하고 있다.

탐스 슈즈의 사례는 좋은 의도가 예상하지 못했던 결과를 낳는 경우를 보여준다. 문제의 원인은 무엇일까? 우선 지원할 지역에 대한 사회문화적 이해 부족을 들 수 있다. 탐스 슈즈는 신발의 기부가 필요 없는 지역에 대한 무조건적인 기부, 그리고 지역의 사회경제적 구조를 제대로 이해하지 않은 기부로 비판을 받았다. 수혜자가 필요치 않은데도 무조건적으로 혜택을 주고자 했던 자세에도 문제가 있다. 탐스 슈즈는 자체적인 신발 공급이 가능한 지역에 신발을 기부하면서 지역사회의 경제구조를 흔든다는 비난을 받았다. 무엇보다도 가장 큰 문제는 이 창의적인 아이디어를 대규모로 실천하기 전에 반드시 해야 했던 소규모 시뮬레이션을 하지 않았던 점이다. 좋은 의도에서 시작된 이 획기적인 아이디어들이 실제 적용되었을 때 어떤 긍정적인 면과 어떤 부정적인 면이 나타날 수 있는지 적용 실험을 해 보았어야 했다는 것이다.

'적정 기술(appropriate technology)'의 아버지라고 불리는 폴 폴락(Paul polak)은 적정 기술을 개발, 보급할 때 '프로토타입(prototype: 최종 산출물이 나오기 전에 간단하게 만들어보는 시제품)'을 제작해 이로운 점을 증명하고 적어도 10명의 소비자에게 직접 사용해 보게 하고 개선할 점을 찾아 고치라고 조언한다. 적정 기술이란 과거의 원시적인 기술보다는 훨씬 우수하지만 선진적인 거대 기술에 비하면 상대적으로 소박한 중간 기술을 말한다. 대단위 자본을 기반으로 대량 생산하는 거대 기술과 달리 중간 기술은 그 기술이 적용되는 사회 공동체의 경제, 사회문화, 환경적 조건을 고려해 해당 지역에서 지속적인 생산과 소비가 가능하도록 만들어진 소규모의 기술을 말한다.

적정 기술 사업으로 대변되는 이러한 착한 사업은 결국 기부가 아니라 비즈니스다. 시장을 정확히 분석하고 소비자를 겨냥해 디자인하고 개선점을 찾아 고치는 것은 당연한 절차이다. 예컨대 적정 기술의 좋은 사례로 꼽히는 'Liter of light'의 경우 프로토타입을 제작하고 필리핀의 100여 가구에 무료로 나눠 준 뒤 제품의 효율성과 개선점을 살펴보았다. 그 후 몇 번의 개선을 거친 뒤, 상용화에 성공했고 현재는 필리핀의 15,000여 가구를 밝히고 있다. 'Liter of light'는 페트병을 활용해 만든 태양광 전구를 말한다. 이 사업으로 인해 필리핀에는 많은 일자리가 창출되었고, 불안정한 전기 공급과 높은 전기료로 고통받던 사람들에게 전기료를 절약할 수 있도록 도와주었다.

탐스 슈즈는 창의적인 아이디어 덕에 처음부터 큰 호응을 얻었다. 때문에 적절한 적용 실험의 시간을 갖기 어려웠던 것으로 보인다. 탐스 슈즈는 처음에는 250켤레로 사업을 시작했고 첫 기부 여행에서

10,000켤레의 신발을 기부했다. 이 정도 규모의 기부라면 신발이 없어 학교를 가지 못하는 아이들을 즐겁게 해줄 수 있는 좋은 기부로 끝날 것이다. 문제는 이후 다양한 언론매체로부터 주목을 받으며 탐스가 천만 켤레의 글로벌 기업이 되면서 발생했다. 폭발적인 성장으로 인해 어떠한 문제가 발생할지 가늠할 시간도 없이 기부가 진행된 것이다.

하지만 탐스 슈즈는 아직도 성공가도를 달리고 있다. 탐스 슈즈의 멋진 디자인과 편한 착용감, 그리고 탐스 슈즈를 신으면서 만들어지는 착한 사람의 이미지 등이 그 성공 요인으로 지목된다. 하지만 결정적인 요인은 문제가 발생했을 때 후속조치를 어떻게 하느냐 하는 것이다. 탐스 슈즈는 기부 지역에 공장을 세워 기부용 신발을 공급하는 등의 조치를 취했던 것이다.

중고제품의 무역 활성화와 자유무역을 향한 길에서도 이와 같은 사례는 중요한 시사점을 준다. 중고제품을 수출해서 돈을 벌 수 있다면 좋은 일이다. 하지만 그 중고제품이 혹시나 그 나라의 산업 기반을 무너뜨릴 가능성은 없는지 살펴볼 일이다. 사실 먹고 사는 삶의 현장에 있는 개인이나 사업자의 입장에서는 이런 것까지 신경을 쓸 여유가 없을지 모른다. 그러나 중고제품 자유무역기구라는 국제기구를 설립하려고 할 때에는 이러한 점들까지 충분히 고려하지 않으면 안 될 것이다.

제 5 장

자원 순환 사회

 천경곤의 지구를 살리는 자원순환 이야기

자원 순환 사회란

내가 앞에서 재활용 사업을 업그레이드해야 할 필요가 있다고 말하면서 여러 가지 새로운 방향을 이야기하고 중고무역 자유화를 강조했을 때 많은 사람이 내가 너무 재활용을 사업적 관점에서만 바라본다고 생각했을지 모르겠다. 그러나 사실 나는 재활용 사업을 재활용 운동, 나아가 환경 운동이라는 더욱 큰 관점에서 바라보아야 한다고 주장하는 사람이다. 사업적 측면을 강조하는 것은 모든 운동이 그러하듯이 단순히 구호라든가 주장만 가지고는 그 운동이 성공할 수 없다고 생각하기 때문이다. 거기에는 민간이 자발적으로 적극 참여할 수 있는 인센티브가 필요하고, 따라서 사업적 측면에서 수익을 낼 수 있는 재활용 시장을 형성할 수 있다면 그런 방향으로 유도하는 것이 재활용 운동이 성공할 수 있는 중요한 요소라고 생각한다. 아니 어떻게 보면 누구나 골치 아파하는 쓰레기 문제에서 오히려 사업과 시장의 기회를 포착해내는 것이 기업가나 혁신가의 특징일 수도 있겠다.

재활용 사업이든 재활용 운동이든 이 모든 것은 마땅히 우리 지구를 환경 파괴로부터 보호하고 우리 사회를 지속 가능한 사회로 만들어야 한다는 좀 더 큰 목적을 달성하기 위한 것이다. 그런 의미에서 우리나라에서 요즈음 적극적으로 검토되고 있는 '자원 순환 사회'라는 개념은 매우 중요한 화두라고 아니할 수 없다. 이 개념은 사실 우리가 가지고 있는 기존 관념과 사상을 뿌리부터 바꿔야 하는, 다시 말해서 패러다임 전환이 요구되는 개념이라고 할 수 있다. 그 때문에 아직은 검토하고 준비하고 도전해야 할 과제가 많은 실정이다. 하지만 지속 가능한 성장과 지속 가능한 사회를 만들기 위해서는 피할 수 없는 명제이기도 하다.

자원 순환 사회에 대해 이야기하기 전에 '자원'이 무엇인가에 대해 먼저 생각해 보기로 하자. 자원이란 여러 가지로 정의할 수 있겠지만 '자연으로부터 채취되어 우리가 살아가는 데 필요한 제품 등으로 생산되고 유통되며 결국에는 소비되고 사용된 후 폐기되는 모든 것'이라고 말할 수 있다. 에너지도 자원에 포함되지만 일단 여기서는 논외로 하자. 이렇듯 우리 생활에 필요한 거의 모든 것이 자원이라고 해도 무리가 없다. 그런데 왜 우리는 이러한 자원에 대한 관리 필요성을 느끼게 되었을까? 그것은 자원이 무한하게 존재하는 것이 아니라 유한하다는 것을 깨달았기 때문이다. 유한한 자원이 고갈되면 인류의 생존 자체가 위협 받을 수 있는 것이다. 현재 세대뿐만 아니라 앞으로 살아갈 다음 세대에서도 유한한 자원을 안정적으로 사용할 수 있도록 하기 위해 지속 가능한 자원 관리가 시급해진 것이다. 유한한 자원과 그 관리의 필요성은 과거에는 국가 간의 자원 확보를 위한 전쟁을 유발했지만, 지금은 지구와 인류 전체의 공통 과제가 되어버린 것이다.

　선진국에서는 이처럼 유한한 자원의 효율적 이용과 관리를 위한 정책의 일환으로 자원 흐름의 전 과정에서 자원 이용의 효율성을 높이려는 노력을 1990년대부터 계속해 오고 있다. 특히 쓰레기를 땅에 묻는 매립을 최대한 없애려는 정책을 펴고 있다. 이를테면 EU에서는 'EUROPE 2020'을 채택하여 지속 가능한 소비와 생산, 폐기물의 자원화 등을 지속 추진하고 있다. 독일은 1995년에 '자원 순환 및 폐기물의 친환경적 보장에 관한 법률'을 제정하여 자원 순환 정책에 박차를 가하였고, 2005년부터는 생활폐기물의 직매립을 금지하여 2010년에 생활폐기물 매립률 0.4%를 달성한 바 있다. 독일은 더 나아가 2020년까지 생활폐기물 매립지를 폐쇄한다는 계획이다. 스위스, 네덜란드, 스웨덴은 매립세를 도입해 매립률을 1% 이하로 낮췄다. 현재 매립세를 도입하고 있는 국가는 OECD 회원국 중심으로 19개국이나 된다. 일본도 2002년에 '순환형사회형성기본법' 등을 통해 자원 순환 사회를 지향하고 있으며 2010년 매립률을 3% 수준으로 낮춘 바 있다. 우리나라도 현재 환경부를 중심으로 '자원 순환 사회 전환촉진법(약칭 자원 순환법)'을 제정해 국회에 상정해 놓은 상태다. 물론 자원 순환 사회의 목표는 매립률을 낮추는 것만이 전부가 아니다.

　우리나라의 자원 순환법에 따르면, '자원 순환'이란 생산, 유통, 소비, 폐기 등 전 과정에서의 폐기물 발생을 억제하고 발생된 폐기물을 적정하게 재활용, 회수, 처리하는 등 자원의 순환과정을 환경친화적으로 관리하는 것을 의미한다. 폐기물이 곧 자원이라는 인식 하에 소비된 후 버려지는 폐기물을 경제활동 사이클에 다시 투입하고, 폐기되는 자원을 최소화하여 원재료 자원의 고갈 시기를 최대한 늦추며, 폐기물로 인한 환경 부하를 감소시키는 모든 활동을 포괄하여 자원 순환이라고 부르는 것이다. 사실 나의 재사용 사업이나 중고무역 활성화 주장은 이러한 자원 순환을 할 때에 폐기물 발생 시점을 최대한 늦추자는 것이고 그것이 환경을 보존하는 가장 좋은 방법이라는 것이다. 아무튼 자원 순환 사회란 이러한 자원 순환을 지향하거나 그것을 구현한 사회를 지칭하는 것이라고 할 수 있겠다.

자원 순환 사회 전환 촉진법

현재 우리나라 국회에 상정되어 있는 자원 순환법에 대해 환경부가 설명하고 있는 내용을 살펴보도록 하자.

우선 자원 순환 사회가 왜 필요하냐 하면 대량 생산, 대량 소비, 대량 폐기가 주류를 이루는 현재의 사회경제 시스템으로는 당면한 환경, 자원, 에너지 위기 극복에 한계가 있기 때문이다. 특히 우리나라는 광물자원의 90%, 에너지의 97% 이상을 해외에서 수입해야 하는 자원과 에너지 다소비 국가이다. 2013년만 하더라도 원자재의 전체 수입량은 하루 평균 약 1조 원에 이른다. 이는 우리나라 주력 수출품인 철강, 반도체, 자동차, 선박 등의 1일 평균 수출액 모두를 합친 5,500억 원의 약 두 배에 이르는 큰 액수이다. 게다가 매립되거나 단순 소각으로 처리되는 폐기물 중에서 에너지 회수가 가능한 물질이 56%나 포함되어 있기 때문에 이를 개선하는 것이 시급하다.

폐기물 정책 패러다임의 전환

구분	기존 정책	새로운 정책 방향
정책 여건	폐기물로 인한 환경오염 심화	기후 변화, 원자재 및 에너지 고갈
목표	쾌적한 생활환경 조성	자원 순환 사회 구축
추진 전략	감량→재활용→처리	효율적 생산과 소비 → 물질 재활용 → 에너지 회수 →처리 선진화
주요 과제	쓰레기 종량제, 생산자 책임 재활용제도 및 처리 시설 설치	순환 자원 인정, 자원 순환 성과 관리, 폐자원 등의 에너지화, 처리 광역화
핵심 개념	폐기물처리시설 설치	

따라서 이러한 문제를 해결하고 자원 순환 사회로 전환하기 위해 자원 순환 사회의 기본 원칙과 주체별 책무 등을 명시하고 자원의 효율적 이용을 촉진하기 위한 자원 순환 기본계획 수립 등을 규정할 필요가 있다.

자원 순환법은 순환 자원 인정제도를 도입하고 있다. 폐기물이 일정 요건(경제성과 환경성)을 충족하면 순환 자원으로 인정하여 폐기물에서 제외될 수 있도록 함으로써 사업자의 관리 및 처리 부담을 완화하고 국민의 안정성도 담보할 수 있게 하기 위해서다. 특히 고철과 폐지 등과 같이 원료로 직접 사용이 가능함에도 현행 법체계로는 재활용 후에도 여전히 폐기물로 간주되어 운반이나 사용 과정에서 규제를 받아야 하는 문제점을 개선할 수 있을 것으로 기대하고 있다.

제품의 생산, 유통, 소비, 폐기 등 모든 과정에서 폐기물의 발생을 억제하고 순환 이용을 확대하기 위해 자원 순환 성과관리 제도가 도입된다. 이 제도가 도입되면 폐기물을 다량으로 배출하는 업종(발전, 철강 등 18개 업종 총 1,500여 개 업소)에 자원, 에너지 목표를 설정하고 그 이행을 평가, 환류하는 체계가 마련된다. 순환 이용률, 최종 처분

율 등이 구체적인 관리지표로 설정되며 구체적인 목표는 국가 순환 자원 목표와 업종별 특성을 종합적으로 고려하여 사업자단체와 사전 협의를 거쳐 설정된다.

매립이나 소각으로 폐기물을 처리하는 사업자에 사회적 비용을 부과해 폐기물 재활용을 유도하는 폐기물 처분 분담금도 도입된다. 이를 도입하면 폐기물 중 재활용 가능한 자원이 최대한 재활용될 수 있도록 유도함으로써 매립량이 감소될 수 있을 것으로 기대하고 있다. 현재 우리나라의 폐기물 재활용 비용은 톤당 평균 17만 원으로 매립 비용(평균 3만 원)의 6배에 가까워 재활용 가능한 폐기물이 대부분 매립되고 있는 실정이다. 정부는 자원 순환법이 제정되면 폐기물 발생량 대비 매립률이 2010년 기준 17.9%에서 2020년에는 3%까지 떨어질 것으로 예상하고 있다.

자원 순환법은 또 폐기물과 순환자원의 거래 활성화를 위해 순환 자원거래소를 설치하여 수요자와 공급자 간 연결을 확대하고, 고부가가치 순환 이용이 될 수 있도록 지원한다는 계획이다. 또 우수한 순환 자원에 대해 품질 표지를 부여하고 순환 자원 우선 구매 대상으로 지정함으로써 고품질의 순환 자원이 수요처를 확보할 수 있도록 지원하며, 자원 순환 산업을 육성하기 위한 재정적, 기술적 지원도 병행해 나간다는 방침이다.

현재 환경부는 자원 순환법 시행과 무관하게 순환 자원 거래소(www.re.or.kr) 사이트를 운영하고 있다. 순환 자원거래소는 환경부가 설립하고 한국환경공단이 운영하는 인터넷 거래장터이다. 나에게는 쓸모가 없지만 남에게는 소중한 자원이 될 수 있는 물품을 나눌 수 있는 거래장터인 동시에, 단순하게 소각 또는 매립되는 폐기물을 한 번 더 재활용할 수 있도록 수요자와 공급자를 연결시켜 주는 정보마당이기도 하다. 현재는 중고 전자제품, 중고 가구, 유아용품 등을 대상으로 시범운영 단계를 마치고 폐기물도 거래가 가능하도록 구축되어 있다. 폐기물 품질인증과 보증체계를 갖추고 거래지원시스템, 지리정보시스템 등을 활용해 폐기물을 효율적으로 재활용(재사용)할 수 있도록 시스템을 발전시켜 나갈 계획이라고 한다. 카테고리는 순환 자원, 중고제품, 오픈마켓, 리퍼브제품, 나눔·기부, 입찰거래 등으로 나뉘어 있다. 오픈마켓에 들어가 보면 일부 지자체 재활용센터도 등록되어 있어 얼핏 보면 모든 중고제품과 폐기물 등의 거래를 중개하는 포털 사이트처럼 느껴진다. 물론 아직은 그렇게 거래가 활성화되어 있는 것으로 보이지는 않지만.

정부는 2017년에 자원 순환법이 시행되면 순환 자원 사용이 확대되며 천연자원 사용을 대체하여 자원의 해외 의존도가 줄어들 것으로 기대하고 있다. 특히 재활용량이 연간 약 1천만 톤 증가하여 1조 7,000억 원의 재활용 시장이 창출되고, 약 1만 1,000여 개의 일자리가 창출되는 경제적 효과도 예상된다. 또 직매립 제로화를 통해 매립지 수명이 20년 이상 연장되고, 매립이나 소각 물질이 최소화되어 환경오염도 예방할 수 있을 것으로 기대하고 있다.

자원 순환에 관한 법은 2013년에 새누리당 최봉홍 의원이 대표 발의한 '자원 순환 사회 전환 촉진법안'을 기반으로 환경부가 2014년에 정부안을 확정했고, 여야 의원 3인이 동일하거나 유사한 명칭의 법안을 대표 발의해 모두 5개 법률안이 국회에 계류 중이다.

자원 순환법 제정이 좋은 의도로 추진되고 있음에도 불구하고 쟁점이 없는 것은 아니다. 그중 하나는 순환 자원을 어떻게 정의하고 구분할 것이냐 하는 것과 관련되어 있다. 정부안은 폐기물 중 인체와 환경에 유해하지 않고 경제성이 있다고 인정되는 폐기물만 순환 자원으로 규정하지만, 야당안은 유용성만 있으면 모두 순환 자원으로 보고, 유용성 여부에 대한 판단도 시장에 맡겨 두자는 것이어서 논란이 일고 있다. 이에 대해 환경부와 시민단체는 '자원 순환이 중요하지만 건강, 환경보다 앞설 수 없다'는 입장이다. 전국 180개 시민·환경·소비자·여성단체로 구성된 '자원 순환 연대'는 자원 순환 확대의 전제조건은 안전이라고 강조하고 있다. '폐기물 자원은 유해성 위험이 상존하기 때문에 시장에 방치하는 것은 반대한다'는 것이다.

일부 업계에서는 반대의 목소리도 나온다. 언론보도에 따르면 자원 순환 단체 연대회의는 올바른 자원 순환법 제정을 촉구하고 환경부가 추진 중인 자원 순환법에 대해 결사반대한다는 기자회견을 가진 것으로 알려졌다. 그들은 환경부 법안이 개별법 및 규제법으로서 자원 순환 사회에 대한 기본 철학이 부재하며, 순환 자원을 여전히 폐기물로 규제함으로써 이 법이 통과되면 자원 순환 사회 촉진이 매우 어려워질 것이라고 주장하고 있다. 더욱이 순환 자원 인정, 순환 자원 제품 품질 표지 인증, 순환 자원거래소 설치 등이 실현되면 규제 조항은 부담을 가중시키고, 재활용 업계 산업 활동을 위축시켜 그렇지 않아도 열악한 자원 순환 업계에 어려움을 가중시킨다는 것이다. 이분들의 주장은 순환 자원을 폐기물에서 온전히 분리하고, 순환 자원 인정 등에 정부의 간섭을 배제하며, 이분들의 유통사업 영역을 침범할 우려가 있는 순환 자원거래소 설치도 하지 말자고 주장하는 것으로 보인다.

환경단체들은 여러 가지 법으로 분산되거나 중복된 관련 규정에 대한 좀 더 근본적이고 통합적인 근거를 법제화함으로써 자원 순환 사회로 전환하는 디딤돌을 마련할 수 있다는 기대를 갖고 있다. 현재 자원 순환과 관련해서는 폐기물관리법, 자원의 절약과 재활용 촉진에 관한 법, 건설폐기물의 재활용 촉진에 관한 법 등에 관련 규정이 산재해 있다.

법률 명	제정	특징	입법목적
폐기물관리법	1986	폐기물관리의 일반법	폐기물 발생 억제 및 폐기물의 적정 처리
자원의 절약과 재활용촉진에 관한 법률	1993	자원 순환 개념 및 재활용 관련 제도 규정	폐기물의 적정 처리 및 효율적인 자원의 이용
폐기물처리시설설치촉진 및 주변지역 지원 등에 관한 법률	1995	기반 시설 설치 촉진을 위한 특별법	폐기물처리시설의 원활한 설치 및 주변지역 주민의 복지 증진
폐기물의 국가 간 이동 및 그 처리에 관한 법률	1999	바젤협약 이행법	유해폐기물의 수출·입 및 국내경유 규제
건설폐기물의 재활용촉진에 관한 법률	2003	건설폐기물 처리 및 재활용 특별법	건설폐기물 적정 처리 및 재활용 촉진
전기·전자제품 및 자동차의 자원 순환에 관한 법률	2007	특정제품의 재활용촉진을 위한 특별법	납, 수은 등 유해물질 사용 억제 및 재활용이 용이한 제품 제조

국회 환경노동위원회 검토보고 자료

나는 이 부분에 대해 뭐라고 말할 수 있는 입장은 못 되지만, 자원 순환법에서 내용이 애매하거나 문제가 될 수 있는 조항에 대해서는 충분한 사전 논의를 거쳐 모두가 실익을 얻어갈 수 있도록 해야 한다고 생각한다. 전체라는 관점에서 보면 옳거나 좋은 일도 부분의 관점에서 보면 옳지 않거나 좋지 않은 일일 수 있는 사태는 항상 존재하기 때문이다.

유럽의 순환 경제 비전

우리나라의 자원 순환법과 관련해 유럽이 지향하고 있는 자원 순환 사회를 살펴보는 것도 의미가 있을 것이다. 유럽의회는 2015년 7월 9일 유럽연합(EU)의 순환 경제 사회를 향한 야심 찬 비전인 '자원 효율성: 순환 경제를 향한 전진(Resource Efficiency: Moving towards a circular economy)'이라는 보고서를 채택했다. 이 보고서는 유럽의회 내 '환경, 공중보건 및 식품안전위원회(Committee on the Environment, Public Health and Food Safety)'가 제출한 것이다. 이 보고서는 아직 법적 구속력은 없지만 EU의 순환 경제 비전을 확실하게 제시하고 있다는 평가를 받고 있다.

이 보고서는 유럽 사회가 순환 경제로 이행하기 위해 필요한 요소들을 분석하고 그에 따른 여러 조치를 제안한 것으로, 자원 효율성(resource efficiency)에 관한 지표와 목표, 제품 정책과 에코디자인

(product policy and ecodesign), 폐기물 제로(zero waste), 기타 조치 등의 내용으로 구성되어 있다.

자원 효율성과 관련, 이에 관한 지표 및 목표 개발과 이러한 지표와 목표가 EU 정책 설정 시 주요 사항으로 고려되어야 함을 촉구하고 있다. 또한 2030년까지 자원 효율성을 2014년 대비 30% 향상시킬 것을 법적으로 구속력 있는 목표로 채택하도록 제안하고 있다.

제품 정책에 관해서는 제품 설계가 중요하다는 점을 강조하면서, 생산자가 '의도된 진부화(planned obsolescence)' 전략을 더 이상 사용하지 말 것과 독성 물질의 사용 제한, 수리와 재활용이 용이한 제품 설계 등을 요구하고 있다. 의도된 진부화란 디자인을 변경한 제품을 순차적으로 출시하여 기존에 출시된 제품에 대해서 소비자들이 빨리 싫증을 내도록 함으로써 기존 제품을 버리고 새 제품을 사도록 유도하는 경영전략을 말한다. 자원 낭비와 쓰레기 발생을 늘리는 반환경적 경영전략으로 지탄을 받고 있다.

폐기물 제로와 관련해서는 구체적인 목표 수치를 제시하면서 일정 시점까지 법적 구속력을 가지도록 해야 한다고 요구하고 있다. 이를테면 2030년까지 도시의 고체상 폐기물의 재활용률을 70%, 포장 폐기물의 재활용률을 80%로 올리도록 요청하고 있다. 해양 쓰레기를 2025년까지 2014년 대비 50% 줄일 것과 음식물 쓰레기를 30% 줄일 것을 제시하고 있다. 또한 생산자책임재활용제도, 분리수거, 쓰레기 종량제, 소각세와 매립세 등에 대해서도 제안하고 있다.

기타 조치로서 재사용, 재활용 제품 등 순환경제에 기여하는 제품에 대한 부가가치세를 감세해 줄 것을 제안하고 있다. 유럽의회가 이 보고서를 채택하면서 그 내용에 대해 위원회에 촉구하거나 권고한 사항 등을 좀 더 구체적으로 살펴보면 다음과 같다.

- 기후 변화, 사막화, 삼림 벌채, 생물 다양성의 파괴와 같은 다양한 환경 위험의 근본 원인은 자원을 지속 가능하지 않게 사용하기 때문이다. 세계 경제는 글로벌 생산과 폐기물 처리를 위해 지구 자원의 1.5배 가치에 해당하는 자원을 사용하고 있으며, 이 수치는 2030년에 이르면 2배에 도달할 것으로 예상된다.
- 자원 효율성은 환경, 윤리, 경제, 사회의 차원을 포함하여 광범위한 지속 가능성의 관심 사항에 대해 고려해야 하며 이들의 목표와 일치해야 한다.
- 순환 경제로 전환하기 이해서는 가치 사슬에 있는 모든 이해관계자가 함께 참여하는 체계적인 변화가 필요하고, 기술과 사업 그리고 전체적인 사회에 실질적인 혁신이 일어나야 한다.
- 순환 경제가 제대로 작동하려면 경쟁력 있는 사업이 필요하며, 경쟁력 있는 사업은 그 자체가 순환경제로 전환하는 데에 주요 동인이다.
- EU의 자원 효율성 전략의 핵심에 중소기업을 배치하는 것이 중요하다. 왜냐하면 중소기업은 EU 내 전체 기업 수의 99%, 노동 인력의 3분의 2를 차지하고 있기 때문이다.

1. 유럽의회는 위원회가 제출한 '순환 경제를 향하여: 유럽의 폐기물 제로 프로그램'이라는 통신문서에 대해 환영하고 순환 경제를 위한 위원회의 구상과 혁신에 대한 접근방법, 자원 효율성을 지지하기 위한 정책 틀의 수립, 통신문서에 기술된 바와 같은 자원 효율성의 목표 설정을 지지하며 순환 경제로 이행하기 위해서는 입법 조치가 필요하다는 점을 강조하고, 위원회에 대해 2015년 말까지 순환 경제에 관한 야심 찬 제안을 해 줄 것을 요청한다.
2. 자원 부족을 해결하기 위해서는 천연자원의 추출과 사용을 줄이는 것이 필요하고, 천연자원의 사용과 경제성장을 완전히 분리시킬 필요가 있다는 점을 강조한다.

3. 지속 가능한 개발에 관한 광범위한 목표와 일관성을 갖게끔 생산과 소비도 다뤄져야 한다는 것을 강조한다.
4. 기존에 자원의 효율적인 사용에 많은 개선이 있었음에도 불구하고 생산의 지속적인 성장이 이러한 효율성의 개선을 상쇄시켜 버렸으며, 천연자원의 추출은 전 세계적으로 오히려 끊임없이 증가하고 있고, 따라서 자원 추출의 전반적인 감축 필요성이 긴요하다는 점을 환기시킨다. 그에 따라 위원회에 대해 필요한 조치를 제안할 것을 촉구한다.
5. 본격적인 순환 경제를 구현하는 것은 모든 관련 이해 관계자, 지역, 도시, 지역 사회, 중소기업, 시민 단체, 업계 대표, 노동조합과 시민의 참여를 필요로 한다.

지표 및 목표
- 2012년에 이미 유럽의회는 기후 변화, 생물 다양성 및 수명 주기 관점에서의 자원 효율성을 고려한 경제 활동에 대한 명확하고 강력하며 측정할 수 있는 지표 개발과, 이 지표를 법률 제정 및 구체적인 목표를 설정하는 데에 기초로 사용할 것을 요구했었다.
- 2015년 말까지 자원 효율성에 대한 주 지표와 보조 지표를 제정할 것을 위원회에 촉구한다. 그리고 이러한 지표의 사용은 2018년까지 법적으로 구속력을 갖추도록 해야 한다.
- EU 차원에서 2030년의 자원 효율성을 2014년 대비 30% 향상시키는 목표를 2015년 말까지 제정하도록 위원회에 강조한다. 또 각 회원국에 대해서는 각국별 목표를 제정하도록 촉구한다.

제품 정책 및 에코 디자인
- 제품의 예상 수명, 내구성, 재사용 및 재활용 가능성을 증가시킬 수 있는 잘 고안

된 제품 정책이 중요하다는 것을 강조한다. 어떤 제품의 예상 수명이나 수리 가능성을 초과하여 사용되는 자원의 양은 대부분 제품의 설계 단계에서 결정되기 때문에 이 단계에서 제대로 된 제품 정책을 수립해야 한다.

- 생산자들의 '의도된 진부화' 전략에 대한 대책을 개발하고, 제품의 보수와 수리, 용이한 해체, 원재료와 재생 가능 자원 및 재활용 재료의 효율적인 사용을 포함한 순환 경제에 부합하는 일련의 제품 표준을 개발해야 한다.
- 표준화되고 모듈화된 부품의 가용성, 분해 계획, 내구성이 강한 제품 설계 및 효율적인 생산 공정은 순환 경제의 성공에 중요한 역할을 한다. 그리고 제품은 오래 사용할 수 있어야 하고, 업그레이드와 재사용, 수리, 재활용, 해체가 쉬워야 하며, 유해 물질을 포함하는 부분은 제품 설명서에 명확하게 표시하여 재활용하기 전에 그 부분의 분리를 용이하게 할 수 있도록 하기 위한 조치를 취해야 한다.
- 소비자의 인식을 제고하고 그들의 적극적인 역할을 증대시키는 것이 중요하다.
- 위원회와 회원국에 대해 전기전자 제품에 대한 특정 유해물질 사용 제한 지침과 같은 맥락에서 유해물질을 대체하기 위한 노력을 한 단계 더 높이도록 촉구한다.
- 유럽산과 수입 제품 모두가 이러한 제품 정책과 에코 디자인에 관한 요구 사항을 준수하도록 하기 위해 회원국들에게 효과적인 시장 감시를 수행하도록 촉구하고 이러한 시장 감시의 효과를 보장하기 위해 지체 없이 관련 입법 절차에 들어가도록 회원국들에게 촉구하며 더 지연되면 기업과 시민의 이익을 해칠 것이라고 지적한다.

폐기물 제로를 향하여

- 새로운 폐기물 목표는 18만 개의 일자리를 창출하고, EU의 경쟁력을 높이며 비용이 많이 드는 희소 자원에 대한 수요를 감소시킬 수 있다.
- 폐기물 관리 계층 구조(Waste Hierarchy)를 적용, 폐기물 관련 입법 검토에 관한 제안서를 2015년 말까지 제출하고, 여기에는 다음 사항을 포함하도록 위원회에 촉구한다.

- 분명하고 명확한 정의
- 폐기물 발생의 사전 예방 조치 개발
- 2025년까지 달성해야 할 도시, 상업 및 산업 폐기물에 대한 구속력 있는 감축 목표 설정
- 생산자 책임 재활용제도의 투명성과 비용 효과성을 보장하기 위해 이 제도에 요구되는 최소한의 명백한 기준 설정
- 재활용 물질의 고품질화를 촉진하기 위해 종이, 금속, 플라스틱 및 유리의 분리수거제도와 쓰레기 종량제를 적용. 2020년까지 바이오 폐기물에 대한 별도의 분리수거제도 도입
- 2030년까지 도시의 고체상 폐기물의 재활용·재사용 준비율을 최소 70%까지 올리고 포장 폐기물의 재활용률을 80%까지 끌어올림. 단 매립되거나 소각되는 폐기물을 재활용했다고 보고하는 것을 예방하기 위해 믿을 수 있는 보고 방식에 기반해야 함
- 2020년까지 재활용할 수 없거나 생분해성이 아닌 폐기물에 대한 소각을 엄격하게 규제
- 매립이 가장 친환경적인 특정 유해 폐기물 및 잔류 폐기물을 제외한 모든 물질의 매립을 금지하기 위해 세 단계(2020년, 2025년 및 2030년)에 걸친 재활용 요구 시장과 일치시켜 모든 매립의 점진적이고 구속력 있는 감축 실행
- 회원국들에게 매립세와 소각세 도입을 권유

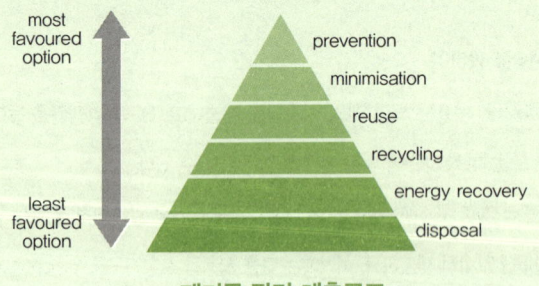

폐기물 관리 계층구조

- 2025년까지 해양 쓰레기를 2014년 수준 대비 50% 감축한다
- 식품의 제조, 소매·유통, 식당·병원, 가계 부문에서 나오는 음식물 쓰레기를 2025년까지 최소 30% 감축하는 목표를 포함하여 음식물 쓰레기를 효율적으로 다룰 수 있는 목표, 방법, 수단을 2015년 말까지 제출하도록 위원회에 요구한다.

2차 원재료에 대한 시장 개발

- 고품질의 2차 원재료(재활용 물질로 만든 원재료)에 대한 시장 및 이러한 2차 원재료 사용에 기반한 사업 개발을 촉진하고 장려하는 조치를 강구한다.

기타 조치

- 재사용, 수리, 재제조, 리퍼브(refurbished) 제품. 그리고 지속 가능하고 자원 효율적인 제품과 솔루션이 선호되는 공공 구매절차를 제안하도록 위원회에 요구한다.
- 재활용 제품, 재사용 제품 및 자원 효율성이 높은 제품에 대한 부가가치세 감세 등 세제와 관련된 조치를 연구하고 제안하도록 위원회에 촉구한다.

    지금까지 유럽의 순환경제를 향한 비전을 살펴보았다. 우리나라는 2015년에 제1차 자원 순환 기본계획이 종료되고, 2016년부터 향후 5년 동안의 2차 자원 순환 기본계획을 작성해야 한다. 2차 자원 순환 기본계획의 작성과 관련하여 최근 EU의 이러한 동향은 많은 시사점을 주고 있다. 특히 재활용 제품과 재사용 제품에 대해 부가가치세 감세 등의 인센티브를 제안하고 있는 것은 주목할 만하다. 우리나라는 부가가치세 감세는 고사하고 국세청에 의해서 세금폭탄을 맞고 있는 재활용 업체가 많은 실정이다. 우리나라

도 순환 경제로 이행하기 위하여 재활용업계에 종사하는 사람들에게 실질적인 혜택을 줄 수 있는 비전과 구체적인 실행 방안이 나와야 할 것이다.

녹색화학

　자원 순환 사회를 이야기하는 순간, 사실 나는 재사용이나 재활용의 영역을 넘어선 더욱 높은 차원의 영역에까지 들어와 버렸다. 그러나 앞에서도 말했듯이 이 모든 주제는 우리 인간과 환경의 조화로운 삶, 지속 가능한 사회를 어떻게 만들어갈 것인가 하는 데 연결되어 있기 때문에 함께 생각해 보자는 뜻으로 이 글을 쓰고 있다.

　자원 순환의 본래 뜻에 충실하자는 의미에서 나는 '녹색화학'이라는 개념을 소개하고 싶다. 이 개념에 대해서 나는 제임스 브래드필드 무디와 비앙카 노그래디가 지은 〈제6의 물결(The Sixth Wave)〉에서 처음 접하고 알게 되었다. 그 개념을 소개하기 위해 책의 내용 일부를 인용해 본다.

　'암은 끔찍한 질병이다. 원치 않는 세포가 통제 불능으로 증식하는 바람에 암 환자는 인체의 자연스러운 균형이 무너져 고통과 심신쇠약에 시달리고 때로는 사망에 이른다. 암의 발생 원인은 다 밝혀져 있지는 않다. 때로는 외부의 독성 물질이나 감염원 때문에 생기기도 하고 때로는 유전적 이상이 암을 일으키기도 한다. 암은 도무지 긍정적인 측면을 찾기 어려운 질병이다. 그런데 스웨덴의 종양학자인 칼 헨리크 로베르트 박사는 암이 가족과 친구, 의료 전문가, 공동체를 어떻게 하나의 공동 목적으로 결합시키는지, 즉 이 병을 퇴치하기 위해 그들의 자원과 열정, 지식을 어떻게 총동원하는지를 주목했다.

우리 지구도 어떤 면에서는 암세포와 비슷하게 고삐 풀린 성장을 경험하고 있다고 볼 수 있다. 하지만 1980년대 후반만 해도 환경 문제를 다루는 일에 관해서는 공동의 목적이 없었다. 로베르트 박사가 내놓은 해결책은 '지속 가능성의 네 가지 원칙'이었다. 우리가 '핵심적인 천연자원과 인류 사회를 지속시킬 구조와 기능을 유지하길' 바란다면 꼭 지켜야 할 원칙이다. 로베르트의 원칙은 지속 가능한 사회가 되려면 인간이 지구 표면에서 채취하여 환경에 누적되는 물질 때문에 자연이 시달리지 않아야 하며, 또한 자연이 물리적 수단에 의해 훼손되어서도 안 된다는 생각에 바탕을 두고 있다.

따라서 그의 원리는 다음 네 가지 주요 지침으로 귀결된다. 첫째, 환경에 쌓이게 될 물질을 지구에서 캐내지 말라. 둘째, 다시 회수할 수 없는 것을 자연환경에 놓아두지 말라. 셋째, 일방적인 비가역적 화학반응이나 공정을 피하라. 넷째, 인간의 기본권을 지지하라.

앞의 세 원리는 순환고리 시스템을 표현한 것이다. 이것은 쓰레기 감소를 위한 최종 목적이라고 해도 과언이 아니다. 즉, 모든 과정에서 배출되는 쓰레기를 다른 과정을 위한 공급 원료로 투입하자는 것이다. (중략) 하지만 세 번째 원칙, 비가역적인 화학반응을 금지한다는 원칙은 어떻게 보아야 할까? 바로 이런 원칙을 바탕으로 〈녹색화학(green chemistry)〉이라는 분야가 등장했다.'

'녹색화학'이라는 개념은 수많은 화학 공정과 관련된 위험성에 대한 우려에서 생겨났고, 많은 독성 물질과 쓰레기를 배출하지 않는 대안적인 화학 공정을 찾기 위해 노력하는 것이다. 호주 모나쉬 대학교의 녹색화학을 위한 ARC 특수연구센터 로이 잭슨 교수는 "친환경 화학은 문젯거리를 파악하고 그것을 어떻게 제거할지 궁리하는 반면, 녹색화학은 문젯거리가 애초에 생기지 않게 한다. 만약 우리가 완전히 성공한다면 환경주의자들은 모두 일자리를 잃고 말 것이다."라고까지 말한다.

잭슨 교수에 따르면 녹색화학은 화학 공정의 전면적인 순환구조를 만드는 일이기 때문에 제품 생산에 사용된 모든 재료가 회수될 수 있고 재활용될 수 있다. 이러한 녹색화학의 근본 토대 위에서 열두 가지 원칙이 파생된다. 예컨대 화학합성 방법을 고안할 때에는 공정에 사용되는 모든 물질이 최종 제품에 포함되도록 해야 한다는 원칙, 화학제품을 고안할 때에는 독성을 감소시키면서도 제품의 효험은 유지하도록 해야 한다는 원칙, 어떤 원재료나 원료라도 고갈되기보다는 재생 가능해야 한다는 원칙, 화학제품을 고안할 때에는 목적이 달성되고 나면 안전하게 분해되어 환경에 영구히 잔존하지 않도록 해야 한다는 원칙 등이다. 우리가 알고 있는 유명한 알약(비아그라)에도 녹색화학이 적용되었다고 한다. 그 덕분에 제조사인 화이자(Pfizer)는 여러 개의 친환경상을 받기도 했다.

　사실 화학물질은 실생활에 없어서는 안 될 필수 재료이다. 화학을 통해 얻는 인공물질과 자연물질의 화학적 변형과 가공이 없다면 인류는 성장은 고사하고 생존하기도 힘들 것이다. 합성섬유와 플라스틱, 비료와 농약, 의약품, 각종 산업재료 등을 생각해 보면 그러하다. 현재 전 세계적으로 8,800만 종의 화학물질이 개발되어 12만 종이 상업적으로 유통되는 것으로 추정되고, 국내에서는 약 4만여 종의 화학물질이 유통되고 있다고 한다. 이러한 화학물질은 다양한 제품에 함유되어 우리가 사용하는 제품으로 탄생되고 있다. 따라서 인류를 위한 화학의 순기능은 유지하면서 종래의 화학이 가져온 환경오염, 유해물질의 배출과 사용, 자원의 고갈을 막거나 최소화하려는 노력이 필요하다. 이것이 녹색화학이 필요한 이유이다.

　녹색화학의 개념은 화학제품의 영역뿐만 아니라 모든 제품의 유해한 화학적 요소들을 원천적으로 제거함으로써 재활용 가능 제품의 영역을 넓힐 수 있다는 점에서 매우 중요하다. 예컨대 녹색화학 개념을 적용하면 폐휴대폰이나 폐가전제품의 재활용 과정에서 이를 잘못 처리하여 환경오염을 일으키는 문제를 없앨 수 있게 될 것이다. 이것은 내가 '제품의 설계 단계에서부터 재활용이 용이한 구조로 만드는 기술을 확보해야 한다'고 주장해 온 것과 맥락을 같이 한다. 그러한 기술이야말로 모든 제품의 재활용을 보편화시키는 가장 중요한 조건이기 때문이다. 그렇게만 된다면 재활용되는 물건은 엄청나게 늘어나고 미친 듯이 신제품을 생산하는 구조에 제동이 걸리면서 우리 환경은 급격하게 개선될 것이다.

소비와 사용, 제품과 서비스

〈제6의 물결〉에서 저자들은 '소비'와 '사용'의 개념 차이를 분명히 이해하는 것이 중요하다고 주장한다. 그리고 앞으로 제품이 아니라 서비스가 중요해질 것이라고 강조한다. 이 지점에서 나는 녹색화학의 개념 못지 않게 재활용 사업과 재활용 운동의 전망에 대한 시사점을 얻을 수 있었다. 여기에 소개하는 내용은 〈제6의 물결〉을 기반으로 한 것이다.

쓰레기가 없는 세상을 상상하기는 어렵지만 이미 그런 세상이 존재하는데, 그것은 바로 자연이다. 자연은 지구 탄생 이래 줄곧 순환고리 시스템으로 작동해 왔다. 자연계에서는 어떤 것도 버려지지 않고, 모든 것이 다른 어떤 것을 위한 공급 원료가 된다. 식물은 땅에서 영양분을 얻어 과일을 맺게 하고, 과일은 동물을 위한 공급 원료가 되며, 그 동물이 죽으면 작은 지렁이와 같은 무척추동물의 먹이가 된다.

그리고 이 지렁이는 다시 영양분을 땅으로 돌려주어 식물이 자랄 수 있게 해 준다.

인간도 이러한 자연계의 일부다. 우리 인간은 유기생명체이기 때문에 사실 매우 효율적인 존재다. 쓰레기를 만들어내지만 않는다면 말이다. 하지만 다른 자연계와는 달리 우리는 우리 생활에 필요한 여러 가지 도구를 만들어 왔다. 이것이 쓰레기 발생의 근본 원인이다.

만약 쓰레기가 없는 세상을 만들어나간다고 상상해 보자. 그렇다고 우리 생활에 도움을 주는 도구들(자동차, 컴퓨터, 가전제품, 휴대폰 등)을 아예 안 만들 수는 없는 일이다. 그렇다면 어떻게 해야 할까. 〈제6의 물결〉은 그런 전제 하에 쓰레기가 없는 세상에 존재하는 제품은 두 가지 유형일 것이라고 말한다. 하나는 우리가 '소비'하는 제품이고 다른 하나는 우리가 '사용'하는 제품이다. 우리가 소비하는 것들(예컨대 음식, 연료, 섬유)은 어떤 형태로든 순환고리 시스템의 일부가 되어야 할 것이다. 만약 그렇지 않다면 이들 제품을 생산하는 데 필요한 자원이 결국에는 바닥나고 말 것이기 때문이다. 하지만 사용하기는 하지만 반드시 소비한다고는 볼 수 없는 것들의 운명은 어떻게 될 것인가. 이들의 미래에서 가장 중요한 요소로 등장하는 것이 바로 '서비스'이다.

자동차를 예로 들어보자. 우리는 자동차를 구입하기 위해 상당한 돈을 쓴다. 구입한 다음에는 연료비와 보험료, 수리비 등이 계속 들어간다. 가끔은 선루프를 장만하기도 하고 세차장에 들르기도 한다. 이렇게 우리는 소유한 차를 관리하기 위해 매년 수백만 원이나 되는 돈을 쓴다. 하지만 정작 자동차를 쓰는 시간은 하루에 얼마 되지 않는다. 말하자면 자동차라는 물건은 대부분 놀고 있으면서도 내 지갑에서 돈을 끊임없이 빼내 가는 것이다. 뭔가 불합리하다고 느끼지 않는가. 합리적인 방법은 없을까. 하나의 방법은 내가 필요할 때만 차를 이용하는 것이다. 내가 이용하지 않는 동안에는 다른 사람이 쓸 수 있고 내가 이용하지 않을 때 나는 비용을 지불하지 않는다고 가정해 보자. 그렇다면 나에게 필요한 것은 사실상 자동차가 제공하는 '서비스'이지 자동차 그 자체가 아니다. 즉, 자동차를 내가 반드시 구입해서 소유할 필요가 없어지는 셈이다. 여기에서 출발한 것이 이른바 '카셰어링(car-sharing) 서비스'다.

'카셰어링'은 우리가 '소비'하는 것과 '사용'하는 것 사이의 차이를 분명히 아는 것이 매우 중요하다는 것을 보여주는 하나의 사례이다. 우리는 자동차를 사용하지 소비하지는 않는다. 반면 우리가 먹는 음식은 사용하는 것이라기보다는 소비하는 무엇이다. 〈제6의 물결〉은 음식물과 같은 '소비'하는 물건의 세계와, 기술이나 도구(자동차)와 같은 세계를 각각 '생물권(biosphere)'과 '기술권(technosphere)'으로 부르면서 이 두 가지 세계의 미래 모습은 매우 다를 것이라고 이야기한다.

> '생물권은 소비재(사람, 동물, 나무, 곤충 그리고 모든 유형물)의 본거지다. 이것은 소비의 세계로 여기서 우리는 물을 마시고 단백질과 탄수화물을 섭취하고 (주로) 태양 에너지에서 얻은 열을 소비한다. 기술권은 전혀 다른 세계다. 이 세계는 우리 생활에 중요하긴 하지만 꼭 소비된다고는 볼 수 없는 제품들로 가득 차 있다. 칫솔, 에어컨, 전자레인지 등이 그런 제품들이다. 이런 제품들은 특정한 서비스를 수행함으로써 우리에게 편리함을 제공하거나 여행이나 통신을 통해 다른 이와 소통하는 데 도

움을 준다.'

그러면서 지은이들은 세계를 생물권과 기술권으로 나누어 생각해 보면 우리가 자원을 얼마나 지속 불가능한 방식으로 소비하는지 잘 알 수 있다고 강조한다. 그리고 이어서 다음과 같이 예측한다.

'그렇다면 자원이 제한된 세계는 어떤 모습일까? 가능한 한 가장 적은 양의 자원을 소비하고 쓰레기 배출량을 최소화하기 위해 생물권 내의 모든 것(우리가 소비하는 것들)은 전적으로 재순환 가능한, 즉 순환고리 시스템이 되는 방향으로 나아갈 것이다. 다른 한편으로, 기술권 내의 모든 것(우리가 도입했지만 반드시 유형 자원의 비가역적 소비를 수반하지는 않는 것들)은 서비스가 되는 방향으로 나아갈 것이다.'

저자들은 제품을 팔기보다 서비스를 제공하는 방향으로의 전환은 이미 여러 분야에서 일어났다고 말하면서 IBM과 애플 등의 예를 들고 있다. 이름테면 애플은 과거 아이팟이라는 제품을 출시하면서 큰 관심을 모았지만, 어떤 면에서 보면 아이팟은 단지 사람들을 애플의 아이튠즈라는 서비스로 끌어들이기 위한 일종의 미끼 상품이었을 뿐이라고 지적하고 있다. 그리고 앞으로 제6의 물결에서 매우 심오한 제도적 변화 가운데 하나는 우리가 장차 제품이 아니라 서비스를 '사용'하는 방향으로 나아가게 됨을 기업들이 인식하면서 일어날 것이라고 예상하는 점이다. 자원이 희귀해지면서 기업들은 제품 기반에서 서비스 기반으로 전환될 것이라는 것이다. 이러한 전환에는 비즈니스 모델에서 근본적인 변화가 필요할 것이고 이 새로운 세계에서의 성공은 기업과 국가가 경쟁우위의 원천을 제품에서 서비스로 얼마나 효과적으로 이동시키느냐에 달려 있다고 강조한다. 그러면서 카펫 제조업체인 '인터페이스'의 사례를 들고 있다.

인터페이스는 지속 가능성 분야에서 국제적으로 존경 받는 선두 주자인데, 이는 창업자 레이 앤더슨 덕분이라고 한다. 그는 자기 회사가 만드는 카펫에 생물권으로부터 많은 양의 재생 불가능한 자원이 투입되며, 이 자원들이 어김없이 매립지나 소각로에서 최후를 맞는다는 사실을 깨달았다. 그래서 그는 카펫 제조에 들어가는 자원들을 조사했다. 그리하여 카펫 제조와 관련하여 생기는 무수한 낭비 요소를 확인한 후 이를 제거하고, 종합적인 재순환 및 재활용 프로그램을 개발했다. 이를 통해 인터페이스는 쓰레기와 사용하는 원료의 양을 무려 74%까지 줄이는 데 성공했다.

하지만 인터페이스는 그 후 미지의 세계를 향해 또 다른 도전을 한다. 창업자 앤더슨은 자사의 비즈니스 모델(카펫 판매)의 가장 기본적인 전제들을 면밀히 검토한 다음 사업 방향을 바꾸었다. 카펫을 고객에게 파는 대신 임대하기로 한 것이다. 고객들은 이 회사로부터 원하는 스타일의 카펫을 선택해 빌리고 월 임대료를 지불한다. 임대 계약에는 파손되었거나 낡은 카펫은 회사가 교체해 준다는 내용이 담겨 있다. 이 조치는 만약 카펫에 문제가 생기면 회사가 '용도에 맞게 고쳐서' 새 카펫으로 만들 수 있다는 뜻이다.

결과적으로 인터페이스가 한 일은 카펫 판매를 그만두는 대신에 카펫의 외관과 감촉에 대한 서비스를 팔기로 결정한 것이다. 이 비즈니스 모델은 고객과 회사 모두에게 이익이다. 고객들은 카펫을 빌리는 편이 현금 유동성 측면에서 유리하므로 그 서비스를 좋아한다. 인터페이스로서도 서비스에 집중함으로써 고객이 느끼는 제품의 진정한 가치를 높일 수 있고, 그 가치에 따라 제품 가격을 정할 수 있어서 이익이다. 또한 재료를 재사용함으로써 경쟁업체들을 제치고 시장점유율을 올릴 수도 있다. 매립지에 버리는 카펫을 줄일 수 있기 때문에 환경 측면에서도 이롭다.

인터페이스의 새로운 비즈니스 모델은 훨씬 더 중요한 시사점을 보여준다. 그것은 이 서비스가 생산자와 소비자 양쪽의 동기(욕구)를 일치시켜 준다는 점이다. 생산자든 소비자든 양쪽 다 최대한 적은 자원이 들어가는 서비스를 원하는데 새로운 비즈니스 모델이 이를 충족시켜 주기 때문이다. 제공하는 서비스에 초점을 맞춤으로써 인터페이스는 자사의 욕구를 고객의 욕구와 일치시킬 수 있었다.

이 부분은 매우 중요하다고 하지 않을 수 없다. 오늘날 쓰레기가 많은 까닭 중의 하나는 생산자의 요구와 고객의 요구가 일치하지 않기 때문이라고 말할 수 있다. 소비자는 자신이 구입하는 제품의 수명이 가능하다면 길기를 원한다. 하지만 제조사는 수명이 너무 길면 향후 신제품에 대한 수요가 감소하기 때문에 이를 원하지 않는다. 따라서 제조사들은 앞에서 말한 바 있는 이른바 '의도된 진부화'라는 전략을 쓴다. 이는 많은 제품의 설계를 할 때 기본적인 기준의 하나로 적용되고 있으며, 많은 양의 쓰레기(아직도 사용할 수 있는 제품을 포함해서)를 배출시키는 원인이 된다.

그런데 서비스 세계에서는 의도된 진부화를 조장하는 욕구의 불

일치가 사라진다. 제조사와 고객 모두 가능한 한 서비스가 오래 지속되기를 바란다. 그래야 비용이 내려가기 때문이다. 제조사들은 내구성이 강하고 수명이 긴 제품을 만들려는 동기가 훨씬 크다. 왜냐하면 제품이 낡았을 때 교체 비용을 부담하는 쪽은 고객이 아니라 자신들이기 때문이다. 따라서 서비스가 중요한 사회가 되면 쓰레기는 훨씬 줄어들게 될 것이다.

재활용 사업이나 재활용 운동을 하는 사람들로서는 이러한 전망에 대해 알아두는 것이 매우 중요한 일이 아닐 수 없다.

제 6 장

남북통일과
재활용 사업

 천정곤의 지구를 살리는 자원순환 이야기

남북통일과 재활용 사업

나는 약 10년 전 〈쓰레기 더미에서 황금알을 캐는 사나이〉라는 책을 펴내면서 재활용을 우리나라의 통일에 기여하는 방향으로 발전시켜 나가고 싶다는 뜻을 피력한 바 있다. 얼핏 생각하면 재활용과 통일은 아무 상관이 없는 것처럼 보이겠지만, 통일에 필요한 막대한 비용을 줄이는 데 재활용이 큰 역할을 할 수 있다는 취지로 그런 뜻을 밝혔던 것이다.

물론 재활용이 통일 비용을 줄이는 데에만 역할을 할 수 있는 것은 아니다. 재활용 사업을 진행해 나가는 동안 남북한 주민들 간의 교류와 협력은 늘어날 것이고, 이는 서로의 이질감을 극복하는 데에도 도움이 될 것이다. 또한 재활용 사업은 대량생산, 대량소비라는 현대 문명의 병폐를 치유해 나가는 하나의 방편이 될 수도 있고, 전 지구적 환경문제를 개선해 나가는 중요한 방안이 될 수도 있다. 따라서 재활용 사업은 서로 다른 체제 하에서 살아온 남북한 주민이 서로의 접점을 찾아나가는 데 기여할 수 있는 통로가 될 수도 있을 것이라고 생각한다.

이러한 소신은 지금도 변함이 없다. 현재 남북한 간 교류와 협력은 막히고 교착 상태에 빠져 있지만, 우리는 언젠가 통일을 반드시 해야만 하고 그에 대한 준비를 착실히 해 나가야만 한다. 재활용이 남북 통일에 어떻게 기여할 수 있는지에 대한 나의 생각을 말하기에 앞서 다음과 같은 기사를 한번 보자.

Ball(볼). 구기 종목에 사용되는 공을 뜻하는 말은 북한에서 뽈로 불린다. 축구공의 경우 축구뽈, 농구공은 농구뽈이라 한다. 그런데 이 '뽈'이 오늘에는 옷과 신발에도 붙여서 사용되고 있다. 바로 북한 중고품 시장에서다.

'북한에도 중고품 시장이?'라는 생각이 들 수도 있겠지만 당에서 금하는 사경제가 공공연히 이뤄지고 '시장'이 활성화되고 있는 것을 감안하면 그리 놀라운 일도 아니다. 북한 중고품 시장은 만성적으로 생필품이 부족한 현실에서 없어서는 안 될 경제의 한 부분으로 자리 잡고 있다. 그렇다면 왜 볼이 의류 신발 등과 같은 단어와 결합돼 쓰이게 되었을까. 이를 이해하기 위해서 북한 중고품 시장의 '스토리'를 알 필요가 있다.

북한의 중고 뽈 장사는 2007년경부터 시작되었다. 당시 북한 당국이 주민들의 중국 친척 방문을 대폭 허용한 것이 발단이 됐다. 친척 방문자들이 중국 방문 후 귀국길에 친척들이 건네 준 중고품을 가져오면서부터다. 중국의 친척들은 넉넉지 않은 형편이었지만 북한 피붙이들에게 인지상정으로 뭐든지 주고 싶은 마음에 헌 옷가지 등을 건넸고, 북한의 방문자들은 중고품을 돈으로 전환하기 위해 이를 기꺼이 받아 북한 내로 반입하였다.

이렇게 북한에 반입된 중고품들은 북한산에 비해 디자인과 품질이 좋아 찾는 이들이 많아지면서 인기를 끌었다. 중고품이 돈이 되자 어떤 방문자들은 수십 kg씩 포장한 의류와 가방, 신발 등 중고품들을 5t 트럭에 가득 실어 나르기도 했다.

이에 돈 냄새를 맡은 장사꾼들이 중국의 상인들과 결탁하여 중고품 장사를 하게 되면서 '인지상정'의 영역에서 전문 영역으로 자리 잡히게 되었다. 그러나 이들의 중고품 반입은 중국 친척 방문자들과 달리 세관을 통과할 수 없어 밀수로 이뤄졌다.

이 때문에 리스크를 최소화하기 위해 한 번에 최대한 많은 중고품을 북한 내로 반입하려 했고, 거래상들은 의류나 신발을 압축 포장하기 시작했는데, 그 모양이 딱딱한 스포츠용 공과 비슷했다. 그래서 북한 주민들은 이러한 중고 포장을 '의류뽈', '신발뽈'로 부르기 시작한 것이다. 이를 통칭해 '중고뽈'이라고도 부른다. 중고 전문장사꾼들에 의한 의류뽈 신발뽈 시장이 처음부터 순탄했던 것은 아니다. 그것은 유통되던 중고 의류에 대한 부정적 인식 때문이었다.

하지만 중고 의류들 대부분이 한국을 비롯한 외국에서 수입된 것이고 한두 번 입어 본 새 옷이나 다름없는 중고라는 소문이 확산되면서 중고품 시장은 점차 커져갔다. 특히 한국산 중고품은 중국산 신상품보다 디자인이 다양하고 고급스러우며 가격도 중국산 신상품의 5분의 1 수준이어서 대단히 인기가 높다. 현재 북한 시·도·군의 수백 개 시장에 중고품 매대가 따로 있어 북한으로 들여오기만 하면 수입이 꽤 짭짤하기 때문에 밀수로 유입되는 중고뽈의 양은 어마어마하다.

중고뽈의 유통 단계는 크게 두 단계로 나뉜다. 북·중 국경지대에서 거래가 한 번 이뤄지고, 북한 내 업자끼리 또 한 번 이뤄진다.

중국 쪽 장사꾼이 북한 쪽 밀수업자에게 80kg으로 포장된 중고뽈 한 개를 중국 돈 2,000위안을 받고 넘기면 밀수업자는 이에 300위안을 덧붙여 북한 전 지역의 중고장사꾼들에게 넘겨준다. 이렇게 받은 300위안은 북한 돈으로 36만 원 정도, 한 달에 뽈 5개만 처리하면 180만 원 정도를 앉아서 벌 수 있다.

북한에 외국에서 중고품이 유입된 것은 최근 일이 아니다. 1980년대 북한의 무역회사들은 일본에서 중고의류와 가전제품, 자전거 등을 외화를 지불하고 합법적으로 수입했다.

매일경제 김영희 기자가 2015년 5월 21일자에 쓴 〈북한 중고품시장 '의류뽈' '신발뽈' 아시나요?〉라는 제목의 기사다. 이 기사를 읽으면서 나는 세 가지 사실을 확인할 수 있었다. 첫째, 비록 지하경제일지라도 북한에 중고품 시장이 형성되어 있다. 생필품이 만성적으로 부족하기 때문이다. 둘째, 북한 중고품 시장에서 한국산 중고품의 인기가 높다. 디자인이 다양하고 고급스러우며 가격도 저렴하기 때문이다. 셋째, 북한 중고품 시장에서 장사하면 돈이 된다. 그만큼 잘 팔린다는 뜻이다.

나는 이 기사를 읽으면서 만약 우리가 그 동안 쌓아온 재활용센터나 중고품에 관한 노하우를 잘 응용한다면 남북한 주민들 간의 생활 격차를 줄여 나가는 데 크게 기여할 수 있을 것이라는 생각이 더욱 강하게 들었다. 통일 비용 가운데 남북한 주민들 간의 소득 격차를 줄이기 위해 소요되는 비용이 큰 비중을 차지한다는 점을 감안해 보면 재활용이 그 통일 비용의 일부분을 감당하는 역할을 할 수 있지 않을까 하는 생각을 다시 해 본 것이다.

통일 비용과 통일 편익

박근혜 대통령은 2014년 연두 기자회견에서 〈통일대박론〉을 주장했다. 박 대통령은 "지금 국민 중에는 '통일 비용이 너무 많이 들지 않겠는가, 그래서 굳이 통일을 할 필요가 있겠나' 생각하는 분들도 계신 것으로 안다. 그러나 저는 한마디로 '통일은 대박'이라고 생각한다"며 한반도 통일시대에 대비하자고 제안했다.

노벨 경제학상 수상자인 조지프 스티글리츠 미국 컬럼비아 대학교 석좌교수는 이러한 박 대통령의 생각을 뒷받침하는 듯한 발언을 했다. 스티글리츠 교수는 2015년 3월9일 서울에서 열린 한 컨퍼런스에서 "관리만 잘하면 통일은 축복"이라며 "인구 8천만 명의 내수시장이 생기는 만큼 한국에 '내수 부진'이라는 말은 사라질 것"이라고 강조했다.

통일대박론이 나오기 전부터 관련 분야 전문가와 연구기관들은 한

반도 통일에 소요될 비용과 그에 따른 경제적 효과(편익)에 관한 연구 결과를 잇달아 발표해 왔다. 그중에 몇 가지를 보면 다음과 같다.

국회 예산정책처는 2014년 11월 발표한 자료에서 통일의 경제적 편익이 비용의 3.1배에 이를 것으로 내다봤다. 이에 따르면 2015년에 한반도가 평화적으로 통일된다는 것을 전제로 2016~2060년까지 통일의 경제적 효과를 분석한 결과, 이 기간 발생할 경제적 편익은 1경 4,451조 원으로, 예상 통일 비용(4,657조 원)의 3.1배에 달하는 것으로 나타났다. 또 2060년 통일 한국의 GDP는 5조 5,000억 달러로 세계 9위, 1인당 GDP가 7만 9,000 달러로 세계 7위에 각각 오를 것으로 분석됐다. 통일 한국의 GDP는 2016년 1,318조 원에서 2060년 4,320조 원으로 연평균 2.7% 성장할 것으로 전망했다. 특히 북한지역의 GDP는 연평균 9.0% 성장하고 북한지역 개발에 따른 파급 효과로 남한지역 또한 연평균 2.1% 성장할 것으로 예산정책처는 내다봤다.

그런가 하면 고려대 아세아문제연구소는 2013년 보고서에서 북한의 점진적 개방 이후 통일이 된다면 2025년부터 35년간 3,102조~4,737조 원의 비용이 들고 총 4,900조 원의 편익을 거둘 것으로 예상했다.

이에 앞서 현대경제연구원은 통일 비용을 170조 원, 편익을 240조 원 정도로 각각 추정한 바 있다. 연구원은 지난 2010년 '남북통일, 편익이 비용보다 크다'는 보고서에서 남한의 과거 경제성장 추이를 바탕으로 따져보면 북한 주민 1인당 소득 3,000 달러 달성에 10년간 1,570억 달러의 비용이 필요하지만 통일이 가져다 줄 이득은 이보다 더 많다고 주장했다.

통일 비용에 관한 추정치가 각각 다른 것은 기본적으로 연구자마다 통일 비용의 개념 및 통일 비용을 산출하기 위한 기본 가정이 서로 다르기 때문이다. 예컨대 통일이 되었을 때 남북한의 경제력 차이가 어느 정도인지, 통일 후 북한 주민의 소득 수준을 어느 정도까지 끌어올리는 것을 목표로 할 것인지 등에 따라 추정치가 달라지는 것이다. 통일 비용의 개념은 남북한이 통일된 후 북한 경제가 자립해 성장할 수 있을 때까지 남한이 지원해야 하는 비용 또는 통일 정부가 10여 년 동안 북한의 경제를 남한 수준으로 끌어올리기 위해 투자해야 할 비용을 뜻한다. 여기에는 북한의 사회간접자본 확충, 노후화된 산업시설의 교체와 신규 설비 투자 등 투자성 지출도 있고, 북한 주민에 대한 사회복지제도의 적용 등에 따른 소비성 지출도 있다.

통일 비용에 대한 추정이 모두 제 각각이긴 하지만, 이러한 연구들은 통일 비용보다 통일 편익이 크기 때문에 통일 비용이 들더라도 통일은 해야 한다는 결론을 도출하고 있는 것으로 보인다. 그러나 통일 비용을 줄이면서 통일 편익을 높일 수 있다면 금상첨화가 아니겠는가. 그런 방향으로 나아가야 하는 것은 분명한 사실이다. 나는 10년 전 당시 생각처럼 재활용의 노하우를 잘 응용하면 통일 비용의 절반 정도를 충당할 수 있다고 믿고 있다.

재활용을 통해 통일에 기여하는 방안

내가 우리나라의 통일에 기여할 수 있는 방향으로 재활용을 발전시켜 나가기 위해 구상했던 생각은 다음과 같다. 비록 아직은 치밀하지 못하지만 큰 구상의 윤곽을 밝혀두고 많은 분의 협조를 받아 발전시켜 나가야 할 것이다.

우선 재활용 사업이라는 교류의 틀을 활용하면 남북한 주민들 간의 생활수준의 격차를 크게 줄여나갈 수 있다. 만약 북한에 재활용센터를 세울 수 있다면 북한 주민들은 남한 주민들보다 훨씬 저렴한 가격에 생활필수품을 구입할 수 있을 것이다. 물론 여기서 생필품은 신제품과 거의 다를 바 없을 정도로 품질이 좋은 재활용 물품이어야 할 것이다. 그 동안의 재활용센터 운영 과정에서 익힌 노하우를 활용한다면 이 정도의 재활용 물품을 만드는 것은 전혀 어렵지 않다. 이렇게 되면 북한 주민들의 생필품 구입 비용이 줄어들고 그 절감된 비용으로 신제품을 구입할 수 있는 여지가 커지게 된다.

만약 남한의 농기계나 산업용 공구의 재활용품을 북한에 수출할 수 있다면 북한이 해외로부터 수입해야 할 공산품 비용도 절감할 수 있게 될 것이다. 아울러 남한의 의료기기를 재활용할 수 있다면 북한 주민들에 대한 의료 지원 확대도 자연스럽게 될 수 있을 것으로 생각한다.

이러한 다양한 재활용품 사업을 토대로 남북한 간에는 새로운 교역의 장이 발전할 수도 있을 것이다. 나아가 남북한이 재활용 사업에 힘을 합쳐 재활용 물품을 제3국으로 수출할 수 있는 기회도 생겨날 것이다. 이러한 모든 과정은 그 자체로 남북한 주민들 간의 교류를 촉진시키고 궁극적으로 남북통일에 이바지하게 될 것이라고 나는 생각한다.

북한에 재활용센터를 설립하는 방식은 남한 측이 단독으로 투자를 하거나 북한 측과 공동 투자를 하는 방식 어느 것도 가능할 것이다. 그 밖의 다양한 사업 방식을 모색해 볼 수도 있다.

재활용 사업은 정부가 부담해야 할 복지 측면에서도 역할을 함으로써 재정 부담을 줄일 수 있을 것이다. 예컨대 다음과 같은 방식을 생각해 볼 수 있다.

① 상대적으로 낙후되어 있는 북한 소외 지역에 대한 보조금 대신 재활용 가전제품을 무료로 기증한다.
② 북한 공공기관에 남한의 민간 자선사업 단체를 통해 재활용품을 무료로 기증한다.

③ 재활용품 판매를 통하여 발생한 이익금을 통일 기금에 투입한다.
④ 재활용 센터 운영 기술자를 북한에 파견하여 새로운 고용 창출을 도모한다

사실 통일보다 선행되어야 할 것은 교류와 협력을 통한 상호 이해와 화해의 폭을 넓혀가는 것이라고 나는 생각한다. 서로 다른 사고방식, 이질감을 극복하고 한민족으로서의 동질감을 회복하기 위한 공감대를 확산해 나가는 것이 중요하다는 말이다. 그런 의미에서 본다면 재활용 사업은 통일이 이루어지기 전부터 시작할 수 있고, 또 시작해야 한다. 그 교류 과정에서 통일을 앞당기고 통일 비용도 줄일 수 있는 길도 모색할 수 있을 것이라고 생각한다.

제 7 장

공유가치 창출과 재활용

 천정곤의 지구를 살리는 자원순환 이야기

공유가치 창출이란 무엇인가

재활용 사업과 재활용 운동의 관계는 어떻게 설정되는 것이 바람직한가? 이 둘은 당연히 우리 지구를 환경 파괴로부터 보호하고 우리 사회를 지속 가능한 사회로 만들어야 한다는 더욱 큰 목적을 달성하기 위한 것이다. 그런 차원에서 이 둘은 같은 방향을 지향하고 있다. 하지만 운동이라고 하면 뭔가 순수한 목적을 가지고 있는 것 같고, 사업이라고 하면 이익을 추구하니 순수하지 않은 것 같아, 이 둘을 병존시키는 게 어려워 보이기도 한다. 그런데 앞에서 말했듯이 내가 기본적으로 사업적 측면을 강조하는 것은, 모든 운동이 그러하듯이 그것이 성공하려면 민간이 자발적으로 적극 참여할 수 있어야 하고, 민간의 자발적 참여를 이끌어내기 위해 사업적 측면의 성공 가능성이 중요하다고 생각하기 때문이다. 따라서 사업적 측면에서 수익을 낼 수 있는 재활용 시장을 형성할 수 있다면 그런 방향으로 유도하는 것이 바람직하다고 생각한다.

그와 같은 맥락에서 나는 '공유가치 창출 (Creating Shared Value: CSV)'이라는 개념에 대해 살펴볼 필요가 있다고 본다. 기업이 이익을 추구하되 사회적 가치도 함께 창출하는 비즈니스 모델로서 이 개념이 재활용 사업에도 적용될 수 있을 것이라고 생각하기 때문이다. 물론 재활용 운동은 운동 그 자체로서 꾸준히 전개되어야 한다. 다만 가치(운동)와 사업의 조화로운 상생을 공유가치 창출이라는 관점에서 살펴볼 수 있지 않을까 생각해 보는 것이다. 여기에서 소개하는 내용은 내가 쓴 석사학위 논문을 바탕으로 한 것이다.

글로벌 경제 위기 이후 자본주의 사회에서 경제적 효율성과 사회 발전 사이의 새로운 패러다임이 모색되면서 공유가치 창출에 대한 지속적인 관심이 증대되어 왔다. 그 동안 기업은 경제적, 법적 책임 이외에도 사회적 책임이라는 이름 아래 여러 가지 활동을 수행해 왔지만, 요즘에는 이러한 사회 공헌 활동(Corporate Social Responsibility: CSR)에서 조금 더 나아가 사회적 가치와 경제적 이윤을 함께 창출하는 공유가치 창출이라는 활동에 더 주목하게 된 것이다.

공유가치 창출이란 기업의 경제적 가치와 공동체의 사회적 가치가 조화되도록 하는 경영을 말하는 것으로, 2011년 마이클 포터가 하버드 비즈니스 리뷰에 처음 제시한 용어다. 하버드 비즈니스 스쿨의 마이클 포터와 FSG의 공동창업자 마크 R. 크레이머가 2006년 1월에 하버드 비즈니스 리뷰에 발표한 '전략과 사회: 경쟁 우위와 CSR 간의 연결(Strategy and Society: The Link between Competitive Advantage and Corporate Social Responsibility)'에서 처음으로 등장한 개념이며, 2011

년 1월에 발표한 '공유가치를 창출하라: 자본주의를 재창조하는 방법과 혁신 및 성장의 흐름을 창출하는 방법(Creating Shared Value: How to reinvent capitalism — unleash a wave of innovation and growth'에서 본격적으로 확장된 개념이다.

사회 공헌 활동이 단순히 돕는 차원에 머무른다는 인식이 커지면서 사회적 약자와 함께 경제적 이윤과 사회적 가치를 함께 만들고 공유하는 공유가치 창출 활동으로 진화하고 있다고 볼 수 있겠다. CSV는 CSR과 비슷하지만 '가치 창출'이라는 점에서 가장 큰 차이가 있다. CSR은 선행을 통해 기업의 이윤을 사회에 환원하기 때문에 기업의 수익 추구와는 무관하다. 하지만 CSV는 기업의 사업 기회와 지역 사회의 필요가 만나는 지점에서 사업적 가치를 창출해 경제적·사회적 이익을 모두 추구한다.

CSV는 자선 사업의 주체로서가 아니라 기업 자체의 수익을 추구할 수 있는 비즈니스 모델을 통해 사회 문제를 해결하려 노력하는 것을 말한다. 즉 기업이 빈곤이나 기아, 환경, 물, 에너지와 같은 사회적 문제들을 해결함과 동시에 어떻게 돈을 벌 수 있는지를 고민하는 것을 말한다. 따라서 CSV 활동은 주변 공동체의 번영을 유도하며 그로 인해 기업도 함께 성장할 수 있음을 말하는데, 결과적으로 '기업과 주변 공동체의 번영은 상호 의존적이라는 의식에 기반을 두고 있다'고 할 수 있다.

마이클 포터 교수는 CSV를 CSR과 비교하며 설명하는데, CSV와 CSR의 가장 큰 차이점은 '비즈니스와의 연계' 여부에 있다.

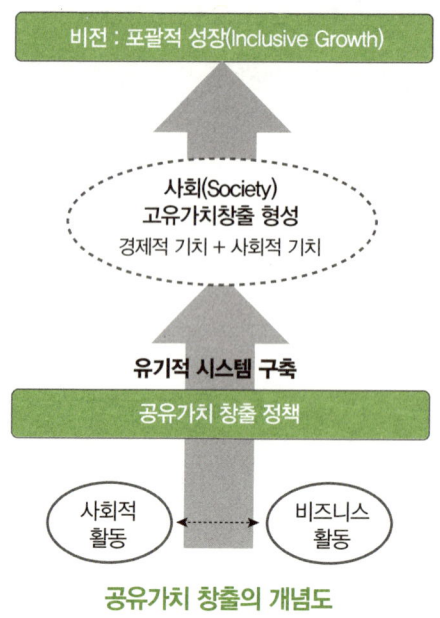

공유가치 창출의 개념도

다시 말해, 공유가치 창출 사업이란 ①다양한 형태의 단일 혹은 복수의 조직이 ②특정 사회 문제 해결을 목적으로 ③혁신적인 제품과 서비스를 상용화하여 ④지속적인 비즈니스 기반을 구축하여 경제와 사회 가치를 제고하는 것이라고 할 수 있다.

공유가치 창출 사업의 정의

① **다양한 형태의 단일 혹은 복수의 조직**

조직 형태는 비영리법인, 단체, 조합, 상법상 회사 등 다양하게 인정되며, 각 조직 간의 융합을 통한 새로운 형태의 하이브리드(Hybrid) 조직 역시 포함된다.

② **특정 사회문제 해결 목적**

사업목적이 환경, 일자리 창출, 지역사회 개발 등 분명히 해결하고자 하는 사회 목적을 담고 있다.

③ **혁신적인 제품과 서비스 상용화**

기업이나 조직의 핵심 역량, 재원, 전문성을 바탕으로 제품과 서비스를 제공할 수 있어야 하는 동시에 충분한 잠재 시장이 존재해야 한다. 특히 환경, 건강, 복지, 교육, 문화 등에 걸쳐 취약계층의 접근성을 높일 필요가 있다.

④ **경제가치와 사회가치의 지속적 창출**

기업이나 조직은 경제·사회적 가치를 지속적으로 창출할 수 있도록 혁신적인 비즈니스 기반을 구축할 수 있어야 하며, 기업이나 조직은 사회적 성과에 대한 보고, 평가 및 인증의 과정을 거쳐 지속적인 가치 창출을 위한 비즈니스 기반을 구축할 필요가 있다.

CSR에 기반을 둔 모델과 CSV 기반 모델을 비교 분석하면 표와 같다. 가치 측면에서 비교하면, CSR이 좋은 일을 한다는 것을 표방하는 데 그치는 것에 비해, CSV는 기업의 이윤 측면에서도 비용을 절감하여 실제로 경제적인 효과와 사회적인 효과를 동시에 달성한다는 측면이 있다. 또한, 동기 부분에서도 분명한 차이가 있는데, CSR 활동은 대부분 외부 압력 혹은 향후에 있을지 모르는 부정적인 사건의 예방 차원에서 하는 반면, CSV는 기업의 경쟁력 강화를 위한 전략적인 선택이라는 점이 다르다고 볼 수 있다. 실행 방법과 효과 측면에서는, CSR은 외부의 보고 기준에 맞추려는 노력이 대부분이고 기업의 전체적인 예산에서 CSR이 차지하는 비중에 따라 실행 여부 자체가 결정되는 반면, CSV의 경우 기업이 자체적으로 내부적인 계획을 세울 수 있으며 예산을 따로 책정하지 않고 기업의 총체적인 활동을 주관하는 총 예산에 내포되어 있다고 볼 수 있다.

CSR 기반 모델과 CSV 기반 모델의 비교 분석

구분	사회 공헌 활동(CSR)	공유가치 창출(CSV)
가치	Doing Good	비용 대비 경제적, 사회적 효과
키워드	시민의식, 자선, 지속 가능성	기업과 지역사회의 공유가치 창출
동기	외부 압력	경쟁력 강화
이윤과의 관계	이윤극대화와 분리	이윤극대화의 필요조건
실행 방법	외부 보고 기준과 개인의 선호에 따라	기업의 자체적인 내부 계획
효과	기업 활동 및 CSR 예산의 책정에 따라	기업의 총 예산을 조율함
예시	공정거래 구매	조달 전체를 탈바꿈함으로써 품질과 생산량을 늘림

공유가치 창출이 주목 받는 이유는 다음과 같이 설명될 수 있다.
기업들은 최근에 와서 과거보다 기부와 사회공헌 활동에 더욱 적극적이지만, 기업을 바라보는 사람들의 시선은 이전보다 나아지지 않고 있다. 오히려 기업이 사회공헌 활동을 하면 할수록 더 비판을 받

거나 많은 요구에 직면하게 되는데, 사회·환경·경제적 문제를 일으키는 원인으로 '기업'이 지목 받고 있기 때문이다. 우리나라에서도 과거 대기업의 성장은 일자리 창출 등을 통해 사회에 긍정적 영향을 끼쳐왔다. 하지만 최근 우리 경제가 저성장 국면에 접어들면서 소득 계층이나 세대 간 양극화 등 다양한 사회적 문제가 발생하게 되었고, 이를 해결하기 위한 사회 공동의 노력 필요성이 점차 증가하면서 기업 또한 여기에 동참해서 함께 이를 해결해야 하는 주체가 되어야만 하는 것이다. 이러한 상황에 대처하는 방안으로 CSV가 주목 받고 있다고 볼 수 있다.

공유가치 창출의 세 가지 방법

마이클 포터 교수는 기업들이 경제적 가치와 사회적 가치를 동시에 창출할 수 있는 방법으로 세 가지를 제시하고 있으며, 이를 통해 현재의 사회적인 문제와 함께 기업의 문제도 해결할 수 있다고 설명하고 있다.

① 제품과 시장에 대한 재인식

과거에는 대부분의 기업이 중산층 이상의 고객 니즈에만 초점을 맞춰 제품을 생산하고 저소득층에는 큰 관심을 가지지 않았으며, 상품과 시장의 인식 또한 중산층 고객으로 한정되어 있었다. 하지만 이제는 제품과 시장에 대한 재인식이 필요하다고 말한다. 지금까지 공략하지 않았던 저소득층의 니즈를 충족해야 하며, 이러한 인식의 전환을 통해 기업은 정부나 NGO보다 더 효율적으로 그들의 니즈에 대처할 수 있을 것이라는 설명이다. 다시 말해 기업은 시장에 더 나은 서비스를 제공하거나 새로운 시장을 창출하고 혁신을 통해 비용을 낮춤으로써 사회적 요구를 충족할 수 있다.

예를 들면 미국 홀푸드마켓(The Whole Foods Market)의 경우를 들 수 있다. 홀푸드마켓은 그 지역 농산물(local food)을 유통하며, 매장 직원은 해당 지역사회의 장애인이나 노인들을 고용하는데, 홀푸드마켓을 이용하는 고객들은 이용하면 이용할수록 자신이 무엇인가 '의미 있는' 일을 하고 있다는 자긍심을 가지고 이용 빈도수를 계속 늘려 나가게 된다. 따라서 홀푸드마켓은 따로 이익을 사회에 '기부'하지 않아도, 자신의 이익을 극대화하려는 노력만으로도 사회의 많은 이슈를 해결하고 있는 것이다.

또 다른 사례로 스페인의 최대 인력 파견 기업인 에울렌 그룹(GrupoEulen)을 들 수 있다. 에울렌 그룹은 '기업은 사회에 봉사해야 한다'는 신념을 바탕으로 장애인, 이민자 등 소외계층에게 일자리를 만들어 주는 한편, 이윤추구라는 기업 본연의 목적까지도 달성하였다. 2000년대 초반까지만 해도 장애인 및 이민자 출신의 근로자를 파견할 경우 고객사의 불만이 있었지만, 철저한 사전 교육으로 장애인, 이주 노동자 직원이 제공하는 서비스를 경험한 고객사들은 점차 만족도가 높아졌다. 사회적 약자들을 일반 근로자와 동등한 조건으로 대우하면서 에울렌 그룹의 장애인, 이민자 직원들은 조직에 대한 높은 충성도와 성실함으로 보답해 고객사의 만족도 제고에 기여했다. 그 결과 에울렌 그룹의 영업환경도 개선되어 2008년 이후 경기 불황임에도 불구하고 에울렌 그룹은 꾸준한 매출 증가세를 보이고 있다.

제너럴 일렉트릭(GE)의 에코매지네이션(Ecomagination) 전략도 사회적 요구를 기업의 제품 구상에 통합시킴으로써 시장에서 성공을 거둔 사례로 꼽힌다. GE는 2005년 자신들의 미래 전략 방향으로 에코매지네이션을 발표하였다. '에코매지네이션'은 환경 또는 생태학을 의미하는 Ecology의 Eco와 GE의 슬로건인 'Imagination at work(상상을 현실로 만드는 힘'의 Imagination을 합쳐서 만든 합성어이다. 친환경 제품과 서비스로 수익을 올리는 동시에 환경문제 해결에 도움을 주는 새로운 전략이다. 고객의 발전, 나아가 사회와의 상생을 위해 상상력을 바탕으로 혁신적인 친환경 기술을 개발하겠다는 GE의 약속을 담고 있다. GE는 에코매지네이션을 새로운 성장 전략으로 공표하면서 하위 항목으로 청정기술투자 확대, 환경사업 매출 증대, 온실가스 배출 감축, 에너지효율 향상 등을 내걸었다. 이에 맞춰 관련 제품군을 점차 확대해 나가고 2015년까지 온실가스 배출량을 2004년 대비 25% 감축하겠다는 목표를 세웠다. 이러한 전략 하에 GE는 세계 최초로 디젤·전기 하이브리드 기관차와 에너지 고효율 비행기 엔진, 재사용 가능한 와이어 코팅 등 다양한 친환경 제품을 만들어냈다. GE의 사례는 환경 가치를 중요하게 여기는 사회의 요구를 시장으로 끌고 와 개척하는 것이 실제로 기업에게도 이윤을 가져다주며 사회에도 긍정적인 영향을 미칠 수 있음을 보여주는 CSV의 성공 사례라고 할 수 있을 것이다.

② 가치사슬에서의 생산성에 대한 재정의

가치사슬이란 기업이 제품이나 서비스를 생산하기 위해 원재료,

노동력, 자본 등의 자원을 결합하는 과정을 말한다. 기업들은 각각의 가치사슬 단계에서 발생하는 사회 환경적 영향을 고려하고 각 단계의 생산성을 올릴 수 있는 사회 환경 목표를 설정하는 것이 중요하다. 이 가운데 원재료 조달 방식에 친환경적 접근을 함으로써 CSV를 성공적으로 이끌어낸 사례로 네슬레(Nestle)의 캡슐 커피 브랜드인 네스프레소(Nespresso)를 들 수 있다.

네스프레소는 가공된 커피 원두가 들어 있는 알루미늄 캡슐을 넣어 원하는 커피를 만들 수 있는 작고 세련된 에스프레소 기계로, 2000년 이후 30%에 달하는 연간 성장률을 지속한 히트 상품이다. 기계에 들어가는 캡슐 커피는 지역과 생산자별로 나뉘어 여러 종류로 제공되며 소비자가 직접 원하는 커피를 쉽게 만들 수 있다는 점에서, 프리미엄 커피 시장을 확대시킨 대표적 사례로 꼽히고 있다. 그러나 세계 각지에서 양질의 커피 원두를 안정적으로 공급 받는 일은 결코 쉬운 일이 아니다. 통상적으로 커피 시장의 원두는 아프리카나 중남미 지역의 가난한 농부들로부터 공급되는 경우가 대부분인데, 농가와 구매 기업 모두 생산성과 품질, 수확량 관리 등에 여러 가지 어려움을 겪기 때문이다. 이 문제를 해결하기 위해 네슬레는 회사의 가치사슬 중 하나인 원재료 조달 체계의 생산성을 재정비한다. 각각의 커피 재배지마다 농업 기술, 재무, 물류 기능을 수행할 업체를 선정하여 농부들을 대상으로 친환경적인 농업 기술을 교육하는 것은 물론 은행 대출까지 지원해 주었으며, 모종 작물과 살충제, 비료 등의 자원을 안정적으로 확보할 수 있도록 하였다. 또 품질 관리 및 인증 시스템을 확립, 원두의 품질을 구매 시점에 직접 확인하고 좋은 원두에는 프리미엄을 지불해 농부들이 스스로 원두 품질을 개선하도록 장려했다. 이를 통해 생산성 증가와 원두 품질 향상이라는 비즈니스적 가치와 농가 수입 증대, 커피 농장의 환경 영향 감소라는 사회적 가치를 동시에 창출할 수 있었다.

③ 지역 클러스터(Cluster, 산업집적지) 구축

기업은 사회와 동떨어져 혼자 영업 활동을 하는 것이 아니다. 기업이 경쟁력을 확보하고 사회와 함께 성장하기 위해서는 믿을 만한 지역 공급업체, 도로와 통신과 같은 인프라, 재능 있는 인력, 효과적이고 예측 가능한 제도 등과 함께 클러스터를 구축해야 한다. 생산성과 혁신은 실리콘밸리와 같이 관련 산업, 공급자, 서비스 제공자, 물류가 지역적으로 집중되어 있는 클러스터에서 영향을 받는다. 클러스터는 기업뿐 아니라 학교와 같은 기관, 무역협회 등도 포함된다. 이들은 국공립학교, 깨끗한 수질, 공정한 법, 품질 기준, 시장 투명성과 같은 넓은 범위의 공공자원을 끌어올 수 있다. 지역 클러스터의 제반 환경을 개선하여 공유가치를 창출한 사례로 노르웨이의 야라(Yara)를 들 수 있다.

미네랄 비료 제조회사인 야라는 아프리카 지역에 물류 인프라가 부족해 농부들이 적절한 비료를 얻지 못하는 것을 알고는 모잠비크와 탄자니아의 도로와 항만을 개선하기 위해 6,000만 달러를 투자했다. 그 최종 목적은 두 나라의 농업 발전을 이루기 위한 제반 환경 구축이다. 현지 정부와 공동으로 이 프로젝트를 추진하고 있는 야라는 노르웨이 정부의 지원도 함께 받았다. 이렇게 클러스터의 제반 환경이 개선되면 야라의 사업도 성장할 뿐만 아니라 전체 농업 클러스터

또한 함께 발전하게 될 것이다.

이러한 공유가치 창출의 세 가지 방법을 통해 배울 수 있는 점은 우리 사회도 사회적 가치에 기여할 수 있는 새로운 비즈니스 방식을 확대하여 기업의 지속 성장과 사회문제 해결을 함께 담보할 수 있는 체제를 마련해야 하고, 궁극적으로 포괄적 성장을 실현하는 것이 바람직하다는 점이다.

이를 실현하기 위해서는 개별 기업이 아닌 생태계에 기반을 둔 접근이 필요하며, 생태계의 구성에 필요한 인프라 요소들이 빠짐없이, 그리고 안정적으로 지원되고 시너지 효과를 낼 수 있는 여건을 마련하는 것이 중요하다. 각 주체별 역할을 정리하면 다음과 같다.

○ 기업: 기업의 장기적 경쟁력 강화와 사회·환경적 목적을 동시에 달성할 수 있는 공유가치(CSV) 창출 비즈니스를 통해 경제 주체와 사회 구성원으로서의 역할을 수행해야 한다.
○ 개인: 미래 세대의 니즈를 희생시키지 않고 현 세대의 니즈를 충족하는 소비, 즉 모든 주체와 모든 과정, 모든 가치를 고려하는 지속 가능한 소비를 실천해야 한다.
○ 정부: 경제를 활성화할 수 있는 새로운 거버넌스 구축, 임팩트 투자(impact investment: 투자 수익을 창출하면서도 사회나 환경 문제들을 해결하는 것을 목적으로 하는 투자 방식) 플랫폼 구축, 사회 임팩트·인증 체계 확립, 공유가치 창출 문화 확산 등의 인프라 요소들을 정책을 통해 제도화하고 구축함으로써 경제 효율성과 사회 발전을 극대화할 수 있는 중심적 역할을 수행해야 한다.

맺음말에 대신한 제언

나는 지난번 책 〈쓰레기 더미에서 황금알을 캐는 사나이〉에서 이렇게 썼다.

개인이 이미 만들어진 물건을 가능한 한 사용 기간을 늘려서 재활용하는 것, 기업이 재활용이 가능한 제품 기준을 정하고 그 조건에 맞는 환경친화적인 물건을 생산하는 것, 사회가 재활용 시스템을 구축하고 '아나바다 운동'을 전개하는 것, 국가가 이 모든 활동을 지원하고 보장할 수 있는 정책을 수립하는 것, 그리고 세계가 재활용품의 자유로운 무역을 통해 새로운 공동체로 하나가 되는 것, 이것이 내가 바라는 재활용 세상이다.

그 당시의 바람은 지금에도 변함이 없다. 관련 제도와 법은 시대 상황에 맞춰 변화해 왔고, 기술 발전에 따라 오프라인은 모바일로 융합되고 있으며, 재활용이라는 개념은 자원 순환이라는 더욱 높은 차원의 개념으로 진화해 왔지만 나의 바람, 나아가 우리 모두의 바람은 '지속 가능한 경제사회'를 향해 나아가는 것이다. 지속 가능하지 않은 문명 방식은 우리 인류를 멸망의 길로 이끌 뿐이다.

이번 책에서 나는 재활용 사업 20여 년을 되돌아보고, 앞으로 재활용 사업과 재활용 운동이 나아가야 할 방향에 대해 나름대로 고민한 내용을 기술해 보았다. 턱없이 부족한 내용이지만 재활용 현장에서 재활용을 실천하면서 살고 있는 한 사람의 의견으로 봐 주시면 고맙겠다. 내용 중에 인용된 많은 분의 저술과 의견에 힘입은 바가 컸다는 점을 밝혀 둔다.

사업이건 운동이건 재활용은 계속 실천되어야 한다. 특히 중국과 같은 거대한 시장에서 우리의 재활용 역사와 노하우를 중국과 나누면서 환경도 살리고 사업적으로도 성공할 수 있는 비즈니스 모델을 만들어 나가야 한다. 또한 글로벌 차원에서 자원이 선순환되도록 하는 노력을 끊임없이 해 나가야 한다. 남북통일에 대비한 재활용 운동도 진행해 나가야 한다.

다시 한 번 강조하지만 그 꿈을 함께 꾸고 현실로 만들어갈 많은 분을 만나고 싶다. 특히 재활용 기술 정보 분야를 중국 및 아시아 지역에 서로 교류하게 만드는 컨설팅 매니저로서, 환경을 보호하고 지구를 살리면서 사업적으로도 성공할 수 있는 더욱 높은 차원의 네트워크를 만들고 싶다. 아울러 젊은이들의 열정적인 도전을 끌어안고 싶다. 이 책을 읽은 분들의 많은 관심과 연락을 기다린다.

천정곤의 지구를 살리는 자원순환 이야기

초판 1쇄 인쇄 2016년 4월 3일
초판 1쇄 발행 2016년 4월 8일

저 자 **천정곤**
펴낸이 **천봉재**
펴낸곳 **일송북**

주소 서울시 성북구 성북로 4길 27-19 (2층)
전화 02-2299-1290·1
팩스 02-2299-1292
이메일 minato3@hanmail.net
홈페이지 www.ilsongbook.com
등록 1998. 8. 13 (제 303-3030000251002006000049호)

ⓒ 천정곤 2016

ISBN 978-89-5732-251-2 (13320)
값 14,800원

이 도서의 국립중앙도서관 출판시도서목록(CIP)은 서지정보유통지원시스템 홈페이지(http://seoji.nl.go.kr)와 국가자료공동목록시스템(http://www.nl.go.kr/kolisnet)에서 이용하실 수 있습니다.(CIP제어번호: CIP2016007719)